Neue

Kleine Bibliothek 241

Uli Gellermann / Volker Bräutigam
Friedhelm Klinkhammer

Die Macht um acht

Der Faktor Tagesschau

PapyRossa Verlag

Luxemburger Str. 202, 50937 Köln
Tel.: +49 (0) 221 – 44 85 45
Fax: +49 (0) 221 – 44 43 05
E-Mail: mail@papyrossa.de
Internet: www.papyrossa.de

Umschlag: Verlag, unter Verwendung eines Bildes von Vicente Barcelo Varona | dreamstime.com
Druck: CPI – Clausen & Bosse, Leck

Die Deutsche Nationalbibliothek verzeichnet diese Publikation in der Deutschen Nationalbibliografie; detaillierte bibliografische Daten sind im Internet über http://dnb.d-nb.de abrufbar

ISBN 978-3-89438-633-7

Inhalt

I.
Vorwort

Fünfzehn Minuten Staatsfunk

Seit mehr als 60 Jahren informiert die *Tagesschau* Abend für Abend im Ersten Deutschen Fernsehen das deutsche Fernseh-Volk über die wichtigsten Nachrichten des Tages. Rund fünfzehn Minuten lang, scheinbar verlässlich, neutral, seriös. Natürlich ist die Übermittlung von Fußballergebnissen objektiv. Und auch über das Wetter wird so seriös berichtet wie möglich. Auch Unfälle, Ausstellungen und Trauerfeiern werden mit einer gewissen Neutralität ausgesucht. Doch schon, wenn es darum geht, welche Beerdigung es wie in die Nachrichten schaffen soll, bringt dieser Prozess der auswählenden Gewichtung die Redaktion in den Fahrstuhl der Parteilichkeit: Im Nachruf zum Beispiel auf Muhammed Ali wären zwei erklärende Sätze zu dessen Hinwendung zur »Nation of Islam« ein sinnvoller Beitrag zur deutschen Islam-Debatte gewesen.

Im Westen Deutschlands sind es inzwischen drei Generationen, die sich der täglichen Richtlinienkompetenz des Ensembles von *ARD-aktuell* – der *Tagesschau*, den *Tagesthemen*, dem *Nachtmagazin* und der *Tagesschau24* – relativ freiwillig aussetzen. Die Zuschauer aus dem Osten sind, je nach geografischer Lage, auch seit geraumer Zeit dabei, ganz sicher gehören sie seit 1990 zu jenen, die ihre Informationen aus der öffentlich-rechtlichen Nachrichtenquelle schöpfen.

Relativ freiwillig: Die *Tagesschau* gilt als eine Art amtliche Vermittlung von Neuigkeiten. Selbst Gegner dieser Sendung müssen das Format beachten: Nach den jeweiligen 15 Minuten weiß man, was die Regierung über dieses oder jenes Ereignis denkt, weiß man, was die

Republik denken soll, und auch, was nicht zu denken gewünscht ist. Denn an manchen Tagen ist es interessanter zu sehen, was die *Tagesschau* nicht sendet, als jenen Ausschnitt von Nachrichten aufzunehmen, den die Redaktion den Gebührenzahlern zuteilt.

Relativ freiwillig: Von all den Massen-Nachrichten-Produkten auf dem Markt – von der *heute*-Sendung (ZDF) bis zur täglichen *BILD* – ist das *Tagesschau*-Ensemble noch das ansehnlichste: Der Ausschnitt der Nachrichten ist nicht so klein wie bei *RTL aktuell* oder so offenkundig politisch gefärbt wie bei der *FAZ*. Wenn man kein Internet-Querlesen veranstalten will, ist die *Tagesschau* immer noch der schnelle Schluck aus der Nachrichten-Pulle.

Relativ freiwillig: Wer mit seinen Nachbarn und Kollegen über die Lage im Land und der Welt reden will, der verlässt sich auf die *Tagesschau* als gemeinsame Wissensvermittlerin: Hier ist der Horizont abgesteckt, hier weiß man, was man hat, hier ist die ziemlich kollektive Plattform, aus der eine Mehrheit der Bundesbürger ihre Meinung bezieht. Wer wissen will, wie hoch der *Tagesschau*-Konformitätsdruck ist, der muss am Morgen nur eine andere Meinung äußern als jene, die gestern Abend als ziemlich endgültige Wahrheit verkündet wurde.

Sie halten sich für klug, die Damen und Herren aus Hamburg Lokstedt, dort wo der *Norddeutsche Rundfunk*, der NDR, die *Tagesschau* für das Erste, das TV-Nachrichten-Progamm der ARD, sampelt. Für klug wie weise, kundig, vernünftig, ganz sicher auch berufen halten sich die Journalisten, manche wohl sogar für begnadet. Und doch sind sie nichts weiter als schlau: So bauernschlau, um den Ansprüchen der Herrschaft so zu genügen, dass ihre Einseitigkeit nicht sofort auffällt. Schlau wie gewieft, um nicht anzuecken und doch auch schon mal eckig auszusehen. Schlau wie ausgefuchst genug, um eine blendende Objektivität zu präsentieren, die eben primär zum Blenden taugt und ansonsten nicht viel.

Vor geraumer Zeit konnten zwei ehemalige NDR-Mitarbeiter, Volker Bräutigam und Friedhelm Klinkhammer, die wachsende Schläue der *Tagesschau*-Redaktion nicht mehr ertragen. Erst begann Bräutigam mit einer Programmbeschwerde: Ziemlich zu Beginn des Ukrainekrieges, im Frühjahr 2014, hatte die *Tagesschau* tagelang von der Gefangennahme angeblicher »OSZE-Militärbeobachter« berichtet, die aber in Wahrheit – und für seriöse Journalisten auch schnell überprüfbar – eben nicht offiziell von der OSZE in das Krisengebiet gesandt waren. Wer sie mit welchem Auftrag in den beginnenden Krieg geschickt hatte, ein Krieg der mehrmals am Rande eines allgemeinen Ost-West-Krieges entlang schrammte, ist bis heute nicht bekannt. Volker Bräutigam nutzte eine Programmbeschwerde – »ein Rechtsbehelf der Bürger gegen die Verletzung von gesetzlich festgelegten Programmgrundsätzen des Fernsehens« (vgl. wikipedia.org: »Programmbeschwerde«) –, um die *Tagesschau* in einer internationalen Krisensituation auf eine gefährliche Falschberichterstattung, eine klassische Desinformation hinzuweisen.

So wie der beginnende Ukraine-Krieg der Beginn auch der Programmbeschwerden war, so war er auch eine Vertiefung der Vertrauenskrise zwischen Medien und Konsumenten. Diese kritische Distanz wuchs – auch und gerade zwischen der *Tagesschau* und ihre Rezipienten – mit der Intensivierung des Syrien-Krieges. Deshalb liegt darauf der Schwerpunkt der Programmbeschwerden in der Berichterstattung von *ARD-aktuell*. Weitere Themen – von der Rentendebatte über den Clinton-Wahlkampf bis zu den Panama-Papers – weisen die Breite und Tiefe der Nachrichtenmanipulation in der *Tagesschau* nach.

Die öffentliche Resonanz auf Bräutigams Beschwerde erreichte immerhin die *Zeit*, die von anonymen »Fernsehzuschauer(n)« schrieb, die Beschwerden wegen »verzerrter Berichterstattung« beim NDR-Rundfunkrat eingereicht hätten. Der Rundfunkrat ist eigentlich ein Gremium, das den Staatsvertragsgrundsatz[1] sichern soll: »den Rundfunkteilnehmern und Rundfunkteilnehmerinnen einen objektiven und umfassenden Überblick über das internationale, europäische, nationale und länderbezogene Geschehen in allen wesentlichen Lebensbereichen zu geben«. Doch der Rat gab und gibt auf Beschwer-

1 Der Staatsvertrag für Rundfunk und Telemedien (kurz: Rundfunkstaatsvertrag oder RStV) ist im Recht der Bundesrepublik Deutschland ein Staatsvertrag zwischen allen 16 deutschen Bundesländern, der bundeseinheitliche Regelungen für das Rundfunkrecht schafft. (wikipedia.org: »Rundfunkstaatsvertrag«)

den lieber vorgestanzte Antworten von entschiedener Belanglosigkeit ab.

Nur wenig später sandte Friedhelm Klinkhammer demselben Rundfunkrat eine Beschwerde, mit der er die Wortwahl der ARD zugunsten des Regimes in Kiew kritisierte: Denn dort wurden Personen, die zeitgleich vom *Handelsblatt* aus gutem Grund als »Neonazis« klassifiziert wurden, als »regierungstreue Kämpfer« bezeichnet. Eine Wortwahl, die an offener Parteinahme in einem Bürgerkrieg kaum zu überbieten war: Schon das neutrale Wort »Kämpfer« war ein falsches Etikett, auch die Qualifizierung des Kiewer Putsch-Regimes als Regierung war Meinung und nicht Nachricht, und das Adjektiv »treu« gab der Information jenen einseitigen westlichen Drive, den die *Tagesschau* im Fortgang des Ukraine-Krieges noch verschärfen und in diesem wie auch in anderen internationalen Konflikten beibehalten sollte.

Bräutigam und Klinkhammer haben dann im Dezember 2014 eine erste gemeinsame »Beschwerde wegen Verstoßes gegen §§ 5, 7 und 8 NDR-Staatsvertrag« erhoben, wegen offenkundiger »Nachrichtenunterdrückung«. Es ging um den Prominenten-Appell »Wieder Krieg in Europa? Nicht in unserem Namen!«. Dieser Appell – bestückt mit Erstunterzeichnern erster Nachrichtenqualität, zu denen ein ehemaliger Bundespräsident, ehemalige Bundestags-VizepräsidentInnen, ein Ex-Bundeskanzler, Minister, Staatssekretäre, Abgeordnete und viele über die Grenzen unseres Landes hinaus bekannte Kulturschaffende, Wissenschaftler und andere Persönlichkeiten des öffentlichen Lebens gehörten – schaffte es einfach nicht in die *Tagesschau*. Übrigens auch nicht in andere wichtige Medien wie ZDF, *BILD*, *FAZ* etc.

Inzwischen sind von Klinkhammer und Bräutigam gemeinsam mehr als 200 Programmbeschwerden verfasst worden, die über das Internet in die Öffentlichkeit gelangt sind. Zumeist wurden sie von der Website www.rationalgalerie.de publiziert. Sie sind zum Anlass für dieses Buch geworden. Fast vollständig archiviert finden sich die Beschwerden – mit den Stellungnahmen der Sender – auf der Webseite der Ständigen Publikumskonferenz. (https://publikumskonferenz.de/forum) Sie sind per Suchmaschine mit »Ständige Publikumskonferenz« und einem Stichwort aus dem Beschwerde-Betreff leicht aufrufbar.

Die ARD-Nachrichten sind der Taktgeber für die meisten Medien der Bundesrepublik Deutschland. Wer sich kritisch mit ihnen auseinandersetzt, der kritisiert den Kern des deutschen Journalismus. Auf den folgenden Seiten wird dargelegt, dass die *Tagesschau*-Maschine weder verlässlich noch neutral und keinesfalls seriös ist. Sie ist nur wenig Anderes als eben fünfzehn Minuten Staatsfunk.

II.
Von der Gründung bis zur Mündung

Ein Tauchgang in die Geschichte der *Tagesschau*

Wie die deutschen Geheimdienste ist auch die Neue Deutsche Wochenschau, aus der das zentrale Meinungsinstrument Deutschlands von heute, die *Tagesschau*, hervorging, eine alliierte Gründung. Während der »Verfassungsschutz« und der »Bundesnachrichtendienst« der jungen Bundesrepublik von US-amerikanischen Geheimdiensten gegründet wurden, war das Mutterschiff der *Tagesschau*, der »Nord-Westdeutsche Rundfunk« (NWDR), eine Gründung des britischen. Es war Sir Hugh Carleton Greene, ein Mitglied der englischen Oberschicht und Mitarbeiter des Nachrichtendienstes »Political Warfare Executive«, der den NWDR letztlich aus der Taufe hob.[2]

Die erste *Tagesschau* startete offiziell am 26. Dezember 1952, einen Tag nach dem Programmstart des NWDR-Fernsehens, das später als NDR und WDR firmierte und ganze 1.000 Zuschauer erreichte. Da indirekt der Geburtshelfer der *Tagesschau* ein Geheimdienst war, lag es nahe, dass deren erster Chefredakteur, Martin S. Svoboda, aus der Propagandakompanie (PK) der Deutschen Wehrmacht kam. (Vgl. wikipedia.org: »Martin S. Svoboda«) Diese Einheit war zunächst den Nachrichtentruppen unterstellt, um Wehrmacht und Waffen-SS dienlich zu sein. Der nächste Chef war Hans-Joachim Reiche, der kam vom Yellow-Press-Blatt *Quick* und endete im Bonner Studio des ZDF.

---

2 Vgl. wikipedia.org: »Hugh Greene«; Hans-Ulrich Wagner: Hugh Carleton Greene – Ein Glücksfall für den Rundfunk, www.ndr.de, 10.11.2010.

Schon früh entdeckte die *Tagesschau* ihre seichte Seite: Bereits 1953 sorgten die Aufnahmen der Krönung von Königin Elizabeth für »Quote«. Rund 7.000 TV-Geräte existierten damals, aber vor jedem Gerät saßen mindestens 20 Zuschauer. Dieser Adelsuntertänigkeit blieb die *Tagesschau* gern verpflichtet: Bei ihrem Besuch in Deutschland 1987 besichtigten Prinz Charles und Prinzessin Diana die *Tagesschau*-Studios beim NDR. Zu Ehren des hohen Besuchs wurde das Studio sogar mit allerlei britischem Schnick-Schnack dekoriert.

Gern romantisiert die *Tagesschau* auf der eigenen Webseite ihre Geschichte: »Erste Auslandskorrespondenten lieferten schon Ende der 50er Jahre Berichte nach Hamburg, Hans Wilhelm Vahlefeld etwa, der auf eigene Faust nach Asien gefahren und mit der Filmkamera unterwegs war. Wenn er selbst im Bild sein wollte, stellte er sie auf ein Stativ, machte mit einem Bleistift in der Hand als Mikrofon-Ersatz seinen Aufsager.«[3] Dass Vahlefeld von der *Tagesschau* zu Springers *Welt* ging, um anschließend zum NDR zurückzukehren, ist eine der vielen Personalgeschichten, die zeigen, wie durchlässig von Anfang an die Grenze zwischen *ARD-aktuell*[4] und rechtskonservativen Medien war.

Auch der legendäre Peter von Zahn, der als einer der ersten Auslandskorrespondenten Bilder aus den USA auch für die *Tagesschau* lieferte, hatte in der Wehrmachts-Propagandakompanie gedient.[5] Daran schlossen sich Propagandaberichte über die Vereinigten Staaten recht nahtlos an: Filmbeiträge in den USA zu produzieren, war zwar äußerst kostspielig, aber das Presseamt der USA, die United States Information Agency (USIA), war bereit, sich finanziell zu beteiligen. Dieses

---

3 Patrick Uhe: Vom Kellerkind zur Institution: Die *Tagesschau*, www.ndr.de, 26.12.2012. – Aus Gründen der Lesbarkeit wird in den meisten Fällen auf die Angabe der vollständigen URL verzichtet. Die entsprechenden Links liegen Autoren und Verlag vor.

4 *ARD-aktuell* ist seit 1977 die zentrale Fernsehnachrichtenredaktion der ARD. Dort werden *Tagesschau*, *Tagesthemen*, *Nachtmagazin* und das spezielle Nachrichtenmagazin *tagesschau24* des Digitalsenders *tagesschau24* produziert. (wikipedia.org: »ARD aktuell«)

5 vgl. wikipedia.org: »Peter von Zahn«; Hans-Joachim Berger: Peter von Zahn – Der große Rundfunkmann mit dem einprägsamen Tremelo, RADIOJournal 10/2001, www.radiojournal.de.

frühe Sponsoring zur Generierung positiver Nachrichten wurde leider nie bei den Berichten eingeblendet. Als Peter von Zahn allerdings den Rassenkonflikt in den USA entdeckte und über die Bürgerrechtsbewegung berichtete, stellte die USIA ihre Unterstützung umgehend ein.

Die »Stunde Null« ist in der Bundesrepublik ein ebenso beliebtes wie verlogenes Motiv der westdeutschen Gründungssage: Es waren im Wesentlichen dieselben Leute und die gleichen Institutionen, die den Westzonen und der jungen Bundesrepublik das Fundament zum Weitermachen lieferten. Als klassisches Indiz darf dafür die Quelle der ersten *Tagesschau*-Bilder gelten: Sie kamen von der erwähnten »Neuen Deutschen Wochenschau GmbH«, die personell in die Fußstapfen der NS-Wochenschau trat. Statt der Nazis bot sich nun als Finanzier die Regierung Adenauer an: Die angeblich neue NDW, die Neue Deutsche Wochenschau, wurde weitgehend vom neuen Staat finanziert und belieferte nicht nur die deutschen Kinos, sondern bis zum April 1955 auch die *Tagesschau*: »Die Wochenschau diente der Regierung Adenauer zur Steuerung der öffentlichen Meinung, als Schaufenster des Wirtschaftswunders, zur politischen Werbung und zur Präsentation eines westorientierten Deutschland gegenüber dem Ausland.« (wikipedia.org: »Wochenschau«)

In dem Ende des Vertrages zwischen der *Tagesschau* und der »Neuen Deutschen Wochenschau GmbH« lag der Wendepunkt der Emanzipation des Fernsehens vom Kino. Mit der Fußballweltmeisterschaft 1954, dem »Wunder von Bern«, begann der Siegeszug des ARD-Fernsehens. In Kneipen, vor den Schaufenstern der Rundfunkgeschäfte, in den überfüllten Wohnzimmern von Nachbarn, die schon ein TV-Gerät hatten, drängten sich die Zuschauermassen zum ersten Public Viewing: Die Anzahl der angemeldeten Fernsehteilnehmer in Deutschland steigt von 28.000 am Anfang der WM bis auf 41.000 am Tag des Endspiels. Während des Turniers setzten die Hersteller Telefunken, SABA und Mende ihre gesamten Lagerbestände ab. Die Firma Philips verkaufte innerhalb von 14 Tagen 1.000 Tischgeräte. Das deutsche Fernsehen war endgültig in die erste Liga der Massenmedien aufgestiegen, mit ihm die *Tagesschau*. (Vgl. www.fernsehmuseum-hamburg.de/fussballweltmeisterschaft1954.html)

Mit der *heute*-Sendung des ZDF bekam die *Tagesschau* 1963 eine erste, ernsthafte Konkurrenz. Das ZDF war als Adenauers »Regierungs-Fernsehen« gestartet und – durch die Begehrlichkeit der Bundesländer, ein »eigenes« TV-Programm und viele schöne Versorgungs-Jobs zu bekommen – als zweites öffentlich-rechtliches Programm ans Ziel gelangt. Auch wenn *heute* es lange nicht schafft, die *Tagesschau*-Werte zu erreichen, übte es doch Konformitätsdruck auf die ARD-Nachrichten aus. In einer Oktoberwoche 1973 überholt *heute* die *Tagesschau* sogar und machte Das Zweite kurzzeitig zum Ersten. Doch immer noch waren die Standards der *Freunde* in den USA nicht erreicht: Das Privatfernsehen stammt in der heute bekannten Form als Commercial TV aus den Vereinigten Staaten und bekam mit Helmut Kohls »geistig-moralischer Wende« und seiner Wahl zum Bundeskanzler im Jahre 1982 seinen Startschuss: Im Januar 1984 wurde faktisch Sat.1 gegründet, nur ein Tag später startete RTL-TV.

Die feste Einbindung der *Tagesschau* in den Kalten Krieg, ihre unbedingte Parteinahme für die Seite des Westens, mag sich ja auch aus den diktatorischen Verhältnissen in der Sowjetunion begründen. Aber den Aggressionskrieg der USA gegen Vietnam vermochte sie jahrzehntelang nicht demokratisch als solchen einzuordnen. Noch in einem 2010 gefertigten Jahresrückblick bedenkt sie ihre Konsumenten mit Sätzen wie: »Die kommunistischen Vietcong verüben ein Attentat auf die US-Botschaft in Saigon«, ohne den dieses Attentat verursachenden Krieg des US-Goliath gegen den vietnamesischen David als ungerecht und völkerrechtswidrig zu qualifizieren. Stattdessen dominieren noch rückblickend Sorgen über die Kosten, nicht so sehr über die Toten: »Jeder Tag des Krieges kostet die Amerikaner 65 Millionen Mark«. Und dem entsprechende Erklärungsmuster werden gleich mitgeliefert: »US-Präsident Johnson setzt in diesem Krieg massive US-Streitkräfte und das Prestige der USA ein. Es gilt das von den Vorgängern übernommene Schutzversprechen Südvietnams einzuhalten sowie die Stellung der USA gegenüber Rotchina zu verteidigen.« Noch Jahrzehnte nach den Napalm-Bomben auf Vietnam geht es der *Tagesschau* nicht um die historische Wahrheit, sondern um die Rechtfertigung ihrer eigenen damaligen Parteinahme für die USA und deren Ruf als Träger der westlichen Freiheitsfackel. Dass dabei zahllose Vietnamesen abgefackelt wurden? Vielleicht ein Kollateralschaden?[6]

Schon 1961 gab es mehr als fünf Millionen Fernsehgeräte in der Bundesrepublik, ab 1964 wird der zehnmillionste *Tagesschau*-Zuschauer registriert. Ab 1967 wurde es bunt: Das Farbfernsehen wurde eingeführt, die *Tagesschau* gab es seit 1970 in Farbe (wikipedia.ord: »Tagesschau [ARD]«). Mit Dagmar Berghoff gelangte im Juni 1976 die erste Frau auf den Sprecherplatz der *Tagesschau.* Und weil diese Zeit bis in jede Nachrichtenminute vom Systemvergleich geprägt war, ist daran zu erinnern, dass in der DDR mit Annerose Neumann bereits am 8. März 1963 erstmals einen Frau die Nachrichten in der *Aktuellen Kamera* des Deutschen Fernsehfunks (DFF) sprechen durfte. Abgeschwächt gab es den »Kampf der Systeme« auch innerhalb der ARD: Während in der Zeit von 1977 bis 1980 mit Dieter Gütt die *Tagesschau* eher einen sozial-liberalen Kurs steuerte, kam 1981 mit Edmund Gruber ein CSU-Hardliner auf ihren Chefsessel. Noch heute erinnern sich Redakteure mit Grausen an diese Zeit: »Sachfremde Gängelei im Reaktionsalltag waren seit Grubers Zeiten kein Aufreger mehr.«[7]

Mit der Sendung *Tagesthemen* wurde ab dem 2. Januar 1978 die bis dahin übliche Spätausgabe der *Tagesschau* ersetzt und die *ARD-aktuell*-Familie erweitert. Nach eigenem Verständnis soll sie ergänzende Informationen zu den tagesaktuellen Ereignissen vermitteln und Zusammenhänge ebenso wie Hintergründe unter die Zuschauer bringen. Zurzeit werden 2,45 Millionen Zuschauer mit den *Tagesthemen* bedient. Walter van Rossum traf bei den Recherchen für sein Buch »Die Tagesshow« (Köln 2007) die damalige Redakteurin der *Tagesthemen*, Anne Will. Die wollte ihn davon überzeugen, dass ihre Sendung »Die Bilder hinter den Bildern, die Geschichte neben den Geschichten« zeige. So ein schönes Hinterbild wird zitiert, als traditionelle Figuren aus dem Erzgebirge in China gezeigt werden und Anne Will dieses Stück

6 Vgl. Jahresrückblick 1965: Napalm-Bomben auf Vietnam, 6.12.2010, www.tagesschau.de.

7 Ronald Thoden (Hg.), ARD & Co. Wie Medien manipulieren, Bd. 1, Frankfurt a.M. 2015, S. 116.

Globalisierung so anmoderiert: »Wir wussten ja, dass der chinesischen Wirtschaft so ziemlich gar nichts heilig ist, dass sie jetzt aber auch noch das für seine jahrhundertealte Holzschnitzkunst berühmte Erzgebirge heimsucht, das ist schon ein starkes Stück.« Dass es ein Unternehmer aus dem Emsland war, der die Holzfiguren zu Niedrigstlöhnen in China herstellen ließ, um sie dann in Deutschland zu Dumpingpreisen zu verkaufen, lässt Frau Will unter den Tisch fallen. Es könnte ja die Hintergrundfrage nach der Lohndrücker-Rolle des Neoliberalismus auftauchen. Anne Will ist inzwischen Millionärin mit eigenem Studio. Walter van Rossum ist immer noch ein gut recherchierender freiberuflicher Journalist. Und in den *Tagesthemen* werden immer noch weder Zusammenhänge noch Hintergründe vermittelt.

Doch zurück in die 1980er Jahre. Da galten verschiedene Sender noch immer als linkslastig oder zumindest als zu liberal. In einer Kampagne wurden WDR und vor allem Radio Bremen als »Rotfunk« gehandelt. Da musste die von Helmut Kohl ausgerufene »geistig-moralische Wende« dringend mit medialer Software aufgerüstet werden: »Im Jahr 1984 wurde die Programmgesellschaft für Kabel- und Satellitenrundfunk (PKS) gegründet, aus der ein Jahr später – im Jahre 1985 – Sat.1 wurde. Einen Tag nach dem Sendestart der PKS bzw. von SAT.1 begann *RTL plus* (heute *RTL Television*) am 2. Januar 1984 seinen Sendebetrieb aus Luxemburg. 1988 erklärte Edmund Stoiber schriftlich gegenüber Franz Josef Strauß: »Unsere Politik bezüglich *RTL plus* war immer darauf ausgerichtet, eine Anbindung von RTL an das konservative Lager zu sichern beziehungsweise ein Abgleiten nach links zu verhindern« (wikipedia.org: »Privatfernsehen«). »Helmut Schmidt warnte 1983 mit Recht, die Zulassung von Kommerzfunkbetrieben werde die deutsche Kulturlandschaft platt machen wie die Atombombe Hiroshima.« (ARD & Co., a. a. O.). Tatsächlich führte die vermeintliche Erhöhung der Vielfalt eher zur Nivellierung nach unten. Und auch die vielfältigen *Tagesschau*-Varianten, die im Gefolge der Konkurrenz durch die Privaten entstanden sind, reproduzieren die paar echten Nachrichten am Tag nur zu unterschiedlichen Zeiten und in unterschiedlichen Formaten. Während die Rundfunk-Privatisierung auch bei den *Tagesschau*-Rückblicken verzeichnet ist, wird der erste und einzige Streik in der *Tagesschau*, 1988 eine Sensation im Medienbetrieb, bis heute in den offiziellen Annalen der Nachrichtensendung verschwiegen.

Mit dem Ende der DDR übernimmt am 15. Dezember 1990 die ARD die Senderkette des Deutschen Fernsehfunks. Die *Tagesschau* kann nun überall im Gebiet der ehemaligen DDR empfangen werden, auch in den »Funklöchern« im Nordosten um Greifswald und dem Südosten der DDR im ehemaligen Bezirk Dresden. In die allgemeine deutsche Freude über die Vereinigung mischten sich schnell Sorgen, wegen der Vernichtung der industriellen Struktur der DDR und der Arbeitsplätze durch die »Treuhandanstalt«. Wenn die *Tagesschau* 20 Jahre später auf dieses Schlachtfeld der Arbeitsplatz-Vernichtung zurückblickt, findet sie mit dem Politikwissenschaftler Wolfgang Seibel ein Mitglied der American Political Science Association (APSA), das der Treuhandanstalt, einer Anstalt des öffentlichen Rechts, attestiert: »Politisch war die Treuhand eine erfolgreiche Veranstaltung.«[8]

Der Trick ist, die halbe Wahrheit zu verbreiten: »Die Treuhand war die Zielscheibe für Frust und Zorn«, räumt die *Tagesschau* 20 Jahre danach ein. Wenn einer Zielscheibe ist, ist es nicht seine Schuld. Denn: »Bedenken muss man jedoch, dass die ostdeutschen Landesregierungen in dem Zeitraum 1990 bis 1993 nur bedingt handlungsfähig waren. Sie waren häufig froh, dass es eine handlungsfähige Institution gab: die Treuhandanstalt.« So setzt Seibel fort und deckt die Wahrheit zu: Die nahezu komplette Auswechslung der DDR-Eliten, die Übernahme von DDR-Betrieben durch West-Betriebe zum Zwecke der Konkurrenz-Liquidierung und auch die Besetzung aller Schaltstellen in den Apparaten in den fünf neuen Bundesländern. »Ist das (schlechte Abschneiden der Treuhand; d. Verf.) ein von persönlichen schlechten Erfahrungen getrübtes Bild?«, legt der Interviewer vor, damit der Interviewte sagen kann: »In gewisser Weise ja. Es gibt so etwas wie dominierende Erzählungen, die sich festfressen und manchmal zutreffen können, manchmal

8 20 Jahre vereintes Deutschland: »Die Treuhand war die Zielscheibe für Frust und Zorn«, Interview mit Wolfgang Seibel, 1.10.2010, www.tagesschau.de.

aber auch irreführende Mythen begründen.« Fazit: Die DDR-Bevölkerung hat zur Wende irgendwelche schlechten persönlichen Erfahrungen gemacht, das führt zu trügerischen Mythen.

Am 24. März 1999, hielt der damalige Bundeskanzler Gerhard Schröder die nachfolgende TV-Ansprache: »Liebe Mitbürgerinnen und Mitbürger, heute Abend hat die NATO mit Luftschlägen gegen militärische Ziele in Jugoslawien begonnen. ... Wir führen keinen Krieg, aber wir sind aufgerufen, eine friedliche Lösung im Kosovo auch mit militärischen Mitteln durchzusetzen (...)«. Natürlich wurden Teile dieser Rede auch von der *Tagesschau* zustimmend gebracht. Heute wissen wir, dass diese erste deutsche Kriegsbeteiligung seit 1945 mit einer Lüge begründet wurde. Noch einen Tag zuvor, am 23. März, gab es den Lagebericht der Nachrichtenoffiziere des Bundesverteidigungsministeriums. In ihm war zu lesen: »Das Anlaufen einer koordinierten Großoffensive der serbisch-jugoslawischen Kräfte gegen die UCK im Kosovo kann bislang nicht bestätigt werden.«[9] Genau das aber wurde offiziell behauptet.

In den öffentlich zugänglichen Quellen der *Tagesschau* finden sich weder die Schröder-Rede noch Belege für den angeblichen »Hufeisenplan, mit dem ein neues »Auschwitz« im ehemaligen Jugoslawien behauptet wurde und den die damaligen Minister Fischer und Scharping zur Mobilmachung der Öffentlichkeit für eine deutsche Kriegsbeteiligung auch an die *Tagesschau* weiterreichten. Stattdessen, Jahre später: »Ziel der (NATO-)Luftangriffe ist es, die serbischen Truppen zum Rückzug aus dem Kosovo zu zwingen.« Immer noch heißt der Krieg in der *Tagesschau*-Sprachregelung »Mission«. Immer noch macht man sich rückblickend Sorgen, nicht um das Völkerrecht oder um tausende tote serbische Zivilisten, sondern darum: »Für die Bundeswehr ist es der größte und gefährlichste Einsatz in ihrer Geschichte. 5.000 Soldaten sind seit Juni (1999; d. Verf.) im Kosovo stationiert.« Und nach allem, was geschehen ist, weiß man auch im Jahr 2010 noch immer: »Die Allianz plant einen kurzen, ›sauberen‹

9 Hans Springstein: Vor 15 Jahren: NATO-Krieg gegen Jugoslawien, 22.3.2014, www.freitag.de.

Krieg.« Und wo wenigstens im Rückblick die Wahrheit hätte siegen können, triumphiert Scheinobjektivität, mit der die kriegsbegründende Lüge zugedeckt wird: »Aus serbischer Sicht mischt sich die NATO in die inneren Angelegenheiten eines souveränen Staates ein. Für die NATO-Staaten geht es darum, ethnische Säuberungen im Kosovo zu beenden.«[10] Längst hat einer der damaligen Kriegsurheber, Gerhard Schröder, gestanden, dass der Jugoslawienkrieg gegen das Völkerrecht verstieß. Und all die Meldungen über Hufeisenplan, ethnische Säuberungen, neues Auschwitz, Racak und andere serbische Massenmorde an unschuldigen Kosovaren – war da nicht was? Aber juckt das die *Tagesschau*?

Zum Jahreswechsel 2000 zählt die Gebühreneinzugszentrale (GEZ) 43.716.960 Fernsehteilnehmer. Offensichtlich bewegt der neue Rekord die öffentlich-rechtliche ARD zu einer unrechtlichen Bevorzugung privater Profiteure: Seit dem 2. November 2000 gibt es, unmittelbar vor der *Tagesschau*, die »Börse im Ersten« (heute »Börse vor acht«). Keine zehn Prozent der *Tagesschau*-Nutzer besitzen Aktien. Aber die vorgebliche Nachrichtensendung ist der Magnet, der die Normal-Zuschauer in die wilde Welt der Börsianer locken soll: Mitfiebern sollen sie, sich um die Ups und Downs Gedanken machen, marktkonformes Denken lernen. Denn das Steigen und Fallen der Aktien ist im ARD-Börsenbericht auf keinen Fall mit den neuesten Rationalisierungsmaßnahmen, den Arbeitslosenzahlen oder gar mit den jeweiligen Rohstoff-Kriegen oder dem Waffenexport in Beziehung gesetzt. Und so bezahlt der ARD-Zuschauer mit seinen eigenen Gebühren die eigene Verhohnepiepelung: Werbung für die Großindustrie und Hochfinanz, die für diese Dauer-Werbe-Sendung weder Produktions- noch Buchungskosten bezahlen.

Nach dem Tabubruch des Jugoslawienkrieges – der Art. 26 des Grundgesetzes, der die »Führung eines Angriffskrieges« als verfassungswidrig wertet und sogar unter Strafe stellt, wurde mit größter Selbstverständlichkeit als irrelevant behandelt – ist dann auch der nächste Krieg leichter zu beginnen: Seit Januar 2002 ist die Bundes-

10 Jahresrückblick 1999: Der Kosovo-Krieg, 18.12.2010, www.tagesschau.de.

wehr in Afghanistan. Und noch im November 2013 spricht die Überschrift einer *Tagesschau*-Chronologie nicht von Krieg und von Verfassungsbruch durch Beteiligung an eben diesem, sondern stapelt tief mit den Worten: »Gefährliche Jahre am Hindukusch«. Längst ist bekannt, dass die afghanischen Taliban nicht die Urheber der Terroranschläge des 11. September 2001 in den USA waren, aber die *Tagesschau* nennt ihre Ausschaltung immer noch als Ziel des Krieges. Der heißt weiterhin gerne nur »Afghanistan-Einsatz«, auch wenn kokett erwähnt wird, dass er »erst seit 2010 Krieg heißen darf.« Warum sich die ARD ein Jahrzehnt lang an eine irreführende regierungsamtliche Sprachregelung gehalten hat – und es bis heute oft genug noch tut –, ist der Redaktion keine Zeile wert. Stattdessen eine launige Bemerkung: »Der damalige Verteidigungsminister Peter Struck erklärt auf einer Pressekonferenz spontan: »Theoretisch kann man auch sagen, die Sicherheit der Bundesrepublik wird auch am Hindukusch verteidigt«. Fortan ist der Name des Gebirgsmassivs fester Bestandteil der Kriegsberichterstattung. Die Frage, ob der Mann nicht vielleicht verrückt war, als er so etwas allen Ernstes behauptete, kommt da gar nicht erst auf. Zu notieren ist nur, dass er ein weit entferntes Gebirgsmassiv erwähnt. Und so braucht auch die weitere Frage nicht gestellt zu werden, warum man es nämlich bis heute verabsäumt, diese absurde Behauptung als das zu bezeichnen, was sie ist: Eine Propagandalüge.

Wie eine karnevaleske Kriegsberichtserstattung kommt auch der Jahresrückblick im Dezember 2010 daher: »In der afghanischen Hauptstadt Kabul ist der Wandel nach dem Sieg der (mit der NATO verbündeten) Nordallianz nicht zu überhören und -sehen: Nach langer Zeit wird wieder öffentlich Musik gemacht, Männer können ihre Bärte abrasieren, Frauen ihre Schleier ablegen.« Dafür ein paar tausend Tote, dafür jede Menge Flüchtlinge, dafür Leid ohne Ende, damit die *Tagesschau* solchen Unsinn behaupten darf. Denn natürlich war und ist das Land voller Bärte und Schleier, und natürlich ist es so etwas Ähnliches wie ungebrochener, kolonialer Rassismus, daran die Qualität des Lebens in Afghanistan festzumachen.[11]

---

11 Jahresrückblick 2010, Krieg gegen Taliban, 22.12.2010, www.tagesschau.de.

Da schreiten sie, Seit' an Seit' die Treppen im Kanzleramt hoch, Anne Will und Gerhard Schröder. Es war das Jahr 2004, Frau Will erklimmt gerade bei *ARD-aktuell* die goldene Stufe zur Sonntags-Talkmasterin mit einem Jahreseinkommen von sechs Millionen Euro.[12] Noch ist sie bei *ARD-aktuell*, aber ihr Schröder-Interview zum Hartz-IV-Komplex, sie liefert die passgerechten Vorlagen für den Kanzler, zeichnet die weitere Karriere vor: »Unbeirrt festzuhalten an Hartz IV, war das die härteste Probe Ihrer Durchhaltefähigkeit?«, fragt die Frau für die *Tagesthemen*. Nach dem neuen Elend im Gefolge der Schröderschen »Reformen« fragt sie nicht – war nicht ihr Thema. Stattdessen liefert sie das passende Stichwort mit der Frage, ob der Hartz-IV-Komplex nicht auch eine Disziplinierungsmaßnahme sei, »die den Deutschen gleich mal klar macht, dass sie runterkommen müssen von ihrem Anspruchsdenken.« So wird man Millionärin, indem man gebührenfinanziert den Leidtragenden auch noch überzogene Erwartungen unterstellt.[13]

Die Arroganz der Besserverdienenden ist unschwer auch im »Wording«, in den Sprachwendungen eines Zehn-Jahres-Rückblicks der *Tagesschau* auf die Agenda 2010 zu erkennen: »Eine Reform mit Wirkungen und Nebenwirkungen« wird sie in der Überschrift genannt, als handele es sich um ein notwendiges Medikament. Kein Wort vom Betrug durch die Riester-Rente im Beitrag von Florian Pretz. Der Name Maschmeyer, des engen Freunds von Gerhard Schröder und privaten Profiteurs der »Reform«, taucht nicht auf. Stattdessen: »Mehr Eigenverantwortung, weniger Staat« oder »Im Ausland gilt das Reformpaket als Vorbild, in Deutschland schimpfen Kritiker besonders über die soziale Spaltung«. Das Wort »gilt«, wie gelten oder Geltung, ist positiv besetzt und wird noch durch das kennerische »Ausland« unterstrichen. Und was machen die Kritiker? Die analysieren nicht, die argumentieren nicht, die »schimpfen«. Das ist natürlich einer der primitiveren Tricks, aber er wirkt. Wahrscheinlich auch beim Autor des Beitrags,

12 Klaus Boldt / Simon Hage: Wechsel zur ARD: Thomas Gottschalk vervierfacht sein Jahresgehalt, 18.8.2011, www.spiegel.de.

13 Jahresrückblick 2004: Regierung im Wechselbad, Stand: 21.12.2010, www.tagesschau.de.

der dieses Klischee absondert: »Durch diese niedrige Grundsicherung soll ein Anreiz entstehen, einen neuen Job anzunehmen, auch wenn der schlechter bezahlt ist als der vorherige.« Stichwort: »Fördern und Fordern«. Sein Glück, dass er noch nicht auf die Straße be-Fördert wurde, um zu prüfen, wie viel seine apologetische Wiedergabe dieser offiziellen Begründung für den Sozialabbau wert ist.[14]

Zu der seinerzeit beliebten medialen Gleichsetzung Saddam Husseins mit Hitler verstieg sich die *Tagesschau* nicht gerade, als sie am 30. Dezember 2006 von der Hinrichtung des irakischen Staatschefs berichtete. Aber dass der einen Onkel hatte, »der den NS-Diktator verehrte«, das reichte als dezenter Hinweis auf seine Einordnung bereits aus. Die Zahl der Toten im Gefolge des völkerrechtswidrigen Bush-Krieges zu konfrontieren mit derjenigen der Opfer des Saddam-Regimes, schien der Nachrichtensendung nicht angebracht: Zu schnell wäre der noch größere Völkermörder erkennbar gewesen, und ihn in die Nähe Hitlers zu rücken, wäre natürlich vollkommen unangemessen gewesen, und das nicht einmal zu unrecht. – Der typische Zehn-Jahres-Rückblick der *Tagesschau* auf den Irak-Krieg konnte das Schlachten noch immer nicht Krieg nennen, er heißt ganz simpel: »Konflikt«, fast so, wie man einen Streit am Gartenzaun nennen würde. Der Bruch des Völkerrechts, die Verheerung des Irak, die Plünderung seiner Kulturschätze und natürlichen Ressourcen, das Blut und Elend, all das wird vom Reporter Stephan Kloss auch noch zehn Jahre nach dem Überfall ausgeblendet, stattdessen befleißigt er sich Begriffen wie »chirurgischer Angriff«, schließlich morden die USA ja nicht mit Bomben und Raketen, sie operieren nur. Und auch der erlogene Kriegsgrund, die »Massenvernichtungswaffen«, angeblich im Besitz der irakischen Regierung, verschwindet durch Verschweigen: Die Kriegsvorwand-Lüge wird auch im Rückblick nicht erwähnt, es wird nur ganz allgemein und banal von der armen Wahrheit gesprochen, die bei »einem Konflikt immer das erste Opfer ist.« Nicht nur die US-Amerikaner, auch die Saddam-Medien hätten irgendwo über irgendwas gelogen,

14 Zehn Jahre »Agenda 2010«: Eine Reform mit Wirkungen und Nebenwirkungen, 7.4.2013, www.tagesschau.de.

nur die *Tagesschau* scheint fair zu sein: Sie gibt die Schwierigkeiten bei der Wahrheitsfindung ganz nonchalant mal eben zu.[15]

Noch ist das Staatsoberhaupt von Libyen, Muammar al-Gaddafi, nicht erlegt, aber die *Tagesschau* verteilt schon mal das Fell: »Der NATO-Einsatz in Libyen geht weiter, auch wenn das Regime von Machthaber Gaddafi vor dem endgültigen Kollaps steht. Es soll beim Grundsatz bleiben: Kampfeinsätze sollen Zivilisten schützen«, erzählt Birgit Schmeitzner vom *Bayerischen Rundfunk* ihrem Publikum und schiebt in ihrem Beitrag vom August 2011 noch einen NATO-Funktionär hinterher: »Wann immer es notwendig ist, die Zivilisten vor Gewalt zu schützen, werden wir Kampfeinsätze fliegen.« Inzwischen weiß man, dass im unmittelbaren ersten Ergebnis des Krieges mindestens 50.000 Tote zu beklagen waren. Mehr als 200.000 Tote werden dann weiterhin im Gefolge der Zerstörung des libyschen Staates gezählt. Und das Morden hält an. Irgendwann im April 2011 bescherten uns die *Tagesthemen* diese Schlagzeile: »Bevölkerung in Bengasi fordert mehr Unterstützung durch die NATO«. Eine Quelle wird nicht genannt. Schon kurz zuvor wusste *ARD-aktuell* zu berichten: »Gaddafis Militär geht immer gnadenloser gegen Bevölkerung vor«. Wer das ist, »die Bevölkerung«, im eher in Stämme und Clans gespaltenen Libyen, das wussten die ARD-News dagegen nicht zu sagen. Dass es sich bei den ersten Kämpfen im libyschen Bürgerkrieg auch um einen Stammes-Streit der Öl-Einkünfte wegen handelte, war in der *Tagesschau* und ihren Derivaten nicht der Rede wert. Sie kennen nur gute »Rebellen« und den bösen Gaddafi. Dieses einfache dichotomische Muster sollte später noch häufig Anwendung finden. »Libyen feiert die Befreiung von Gaddafi«, behauptet die *Tagesschau* am 24. Oktober 2011. Ganz Libyen? Auch die vielen Anhänger Gaddafis, die es fraglos gab? Auch die von den NATO-Bomben Versehrten und Traumatisierten? Und die Toten im Ergebnis des »Flugverbots«? Und weiter: »Die Menschen sangen zunächst die neue Nationalhymne und schwenkten Fahnen aus der Zeit der Monarchie.« Welche Nation meinte die Hymne wohl?

---

15 Zehn-Jahres-Rückblick auf den Irak-Krieg. Aufgerufene Seite: www.tagesschau.de/static/flash/10jahre-irakkrieg

Welche der rund 140 libyschen Stämme und Großfamilien hatten die Zeit gefunden, sich eine Hymne zu basteln? Der Warfalla-Stamm, die Magariha- und Al-Zintan-Stämme oder doch der Misurata-Stamm? Das alles weiß die *Tagesschau* nicht, es interessiert sie auch nicht. Der gute Westen hatte die libysche Nation befreit, die es gar nicht gab und bis heute nicht gibt. Das wird jetzt erst einmal gefeiert, in allen Ausgaben von *ARD-aktuell*. Die Flagge des Königshauses: Das muss die aus der Zeit der Königsherrschaft der Senussi sein. Die Senussi waren eine Marionette britischer Kolonialpolitik. Und außerdem hatten die ein so schönes Militärabkommen mit den USA abgeschlossen, das die weitere Nutzung der »Wheelus Air Base« bei Tripolis ermöglichte. Dort waren 1951 rund 4.600 Soldaten stationiert. Was war das doch für ein gutes Königshaus. Gern brachte man sich in der königlichen Familie gegenseitig um. Gern vergab man Öl-Konzessionen an ausländische Konzerne. Davon weiß der *Tagesschau*-Redakteur nichts zu berichten, davon will er nichts wissen. Und am Schluss seines Berichts: »Mit dem Tod Gaddafis steht der monatelange Krieg in Libyen offenbar vor dem Ende«. »Offenbar«, wie Offenbarungseid: Das konnte man damals schon wissen, heute weiß es jeder.[16]

Mit der Zahl der Kriege auf der Welt wächst der Anteil der Kriegsberichterstattung in der *Tagesschau*. Deren Fähigkeit zur objektiven Analyse wächst nicht mit. Obwohl man bereits während des Libyen-Kriegs hätte erkennen können, dass eine militärische Internationalisierung innerstaatlicher Konflikte die in den betroffenen Ländern vorhandenen Probleme nur verschlimmert, ergab sich die *Tagesschau* vorbehaltlos jener Ideologie, die die Zerstörung von Staaten unter der Flagge der Befreiung bejubelt. Als der Chefredakteur von *ARD-aktuell* in seinem *Tagesschau-Blog* im März 2016 die Frage stellte: »Darf man mit Assad reden?« (blog.tagesschau.de, 1.3.2016), hatte man zuvor das ganze Afghanistan-Irak-Libyen-Programm bereits abgespielt und trotzdem erzählt Dr. Gniffke noch einmal: »Er (Assad) hat Giftgas eingesetzt, er hat Städte bombardiert, er lässt Menschen aushungern,

16 Libyen an historischem Wendepunkt Gaddafi ist tot, Libyen feiert die Freiheit, 20.10.2011, www.tagesschau.de.

in seinen Gefängnissen wird gefoltert.« Zumindest der behauptete Giftgas-Einsatz konnte zu diesem Zeitpunkt bereits eindeutig als erlogen gelten. Schon zwei Jahre zuvor hatte der renommierte US-amerikanische Journalist Seymour Hersh enthüllt, dass es innerhalb der terroristischen Al-Nusra-Front eine Gruppe gab, die für die Herstellung von Giftgas geschult und dabei von Agenten der Türkei und Saudi-Arabiens unterstützt worden war. Und ebenfalls schon zwei Jahre vorher, im Januar 2014, hatten die beiden Wissenschaftler Richard Lloyd, ein früherer UN-Waffeninspekteur, und Theodore Postol, Professor am Massachusetts Institute of Technology (MIT), nachgewiesen, dass es nicht die syrische Regierung gewesen war, die Giftgas eingesetzt hatte.

Spätestens nach den herbeigelogenen Massenvernichtungswaffen, die im Falle Irak als offizieller Kriegsgrund dienten, hätte die *Tagesschau* vorsichtig sein müssen, als Washington einen Giftgasanschlag der syrischen Regierung gegen die eigene Bevölkerung behauptete. Ständig hatte US-Präsident Obama von einer »roten Linie« gesprochen, die überschritten sei, wenn in Syrien Giftgas eingesetzt werde, was stets als selbstverständlich unterstellte: eingesetzt von der syrischen Regierung. Am 21. August 2013 gab es »endlich« einen solchen Einsatz im syrischen Ort Ghuta. Und ein paar Tage später steuerte Caren Miosga einen passenden *ARD-aktuell*-Beitrag bei: »Es ist nicht mehr die Frage ob, sondern wohl nur noch wann die USA einen Angriff auf Syrien starten werden«, tremolierte sie.

Zwar gebe es noch (!) keine Beweise für einen Einsatz von Giftgas, aber besorgt fragte Frau Miosga, ob denn Präsident Obama seine »kriegsmüde« Nation von der Notwendigkeit eines Militärschlags zu überzeugen vermöge. (*Tagesthemen*, 27.8.2013) Schnell werden der französische Präsident und der britische Premierminister eingespielt, die in den *Tagesthemen* bestätigen, dass der Giftgasanschlag vom syrischen Regime verübt wurde und man jetzt aber schnellstens militärisch intervenieren müsse. Ist es vorauseilender Gehorsam, was da zelebriert wurde? Gibt es gar keine Zweifel? Warum heizt man propagandistisch einen Krieg an, der, so konnte man es immerhin in der *Frankfurter Allgemeinen* (29.9.2015) lesen, auf einem Komplott beruhte: Dass die Vereinigten Staaten eine Allianz mit Israel und Saudi-Arabien gebildet hatten, um das Assad-Regime zu stürzen. Schon 2007 hatte Seymour Hersh, gestützt auf WikiLeaks-Dokumente, diese Analyse veröffentlicht. Wer wollte, hätte das wissen können. Die *Tagesschau* wollte nicht.

Es war der einstige kalifornische Gouverneur Hiram Warren Johnson, der nach dem Ersten Weltkrieg das geflügelte Wort von der Wahrheit geprägt haben soll, die in Kriegen das erste Opfer sei. Was die Redaktion von *ARD-aktuell* von diesem Spruch hält, ist unbekannt. Bekannt ist dagegen: Wer in die Suchmaske von *tagesschau.de* am 23. März 2017 die Begriffe »Krim« und »Annexion« eingibt, der hat prompt 123 Treffer. Wer es aber mit den Begriffen »Krim« und »Sezession« versucht, erhält diesen Satz: »Ihre Suche nach ›Krim Sezession‹ war leider erfolglos.« Schon dieser kleine Schritt legt die ganze parteiische Arbeitsweise dieser Redaktion bloß. Denn im »Krim-Konflikt« und in seiner Deutung liegt einer der Schlüssel zum Verständnis für den Ukraine-Krieg. Und einmal mehr stellt sich die Frage: Wem und wozu dient die *Tagesschau*: Dem Gebührenzahler, vor allem in den gefährlichen Zeiten von Kriegsgefahr und Krieg, die Chance zu geben, sich anhand einer sachlichen, faktenreichen und gegensätzliche Positionen referierenden Berichterstattung eine Meinung zu bilden, oder aber der jeweiligen Regierung ein Medium zu sein, um ihre Politik als richtig und alternativlos zu verkaufen?

Es begann im Spätherbst 2013 auf dem Kiewer Maidan, als eine riesige Menschenmenge von der damaligen Regierung des Viktor Janukowitsch forderte, ein Assoziierungsabkommen der Ukraine mit der Europäischen Union zu unterzeichnen. Von Beginn an wollte die *Tagesschau* durchaus nachvollziehbare Bedenken gegenüber diesem Abkommen – es drohten der Ukraine zum Beispiel Handelsschwierigkeiten mit ihrem bisherigen Haupthandelspartner Russland – nicht referieren. Auch dass es einen militärischen Teil in einem vorgeblich rein wirtschaftlichen Abkommen gab, verschwieg die *Tagesschau*. In den folgenden militanten Auseinandersetzungen um die Macht in Kiew mochte sie weder über bewaffnete ukrainische Faschisten auf dem Maidan berichten, noch darüber, dass die NATO beabsichtigte, ihren Einfluss auf die Ukraine auszudehnen, um die Bewegungsmöglichkeiten Russlands einzuschränken. Dass es also nicht nur, und auch nicht vorrangig, um die Interessen der ukrainischen Bevölkerung ging, sondern um jene auswärtiger Mächte und einer Fraktion einheimischer Oligarchen. Dass, als ein Gesetz zum Schutz der russischen Sprache aufgehoben wurde, die Sorge des davon betroffenen Bevölkerungsteils – immerhin galt Russisch in 13 der 27 Verwaltungseinheiten des Landes als Amtssprache – Auslöser für die anfänglich friedliche Bewegung für Autonomie in der Ostukraine war, blendete die *Tagesschau* nahezu zur Gänze aus. Der offiziösen Sprachregelung folgend, behandelte auch sie den Ukraine-Konflikt als Offensive Russlands gegen den »freien Westen«. Ein dichotomisches Freund-Feind-Schema war geboren, das unabhängig recherchierenden Journalismus bis heute behindert.

Als am 11. März 2014 als Reaktion auf den antirussischen Putsch auf dem Maidan durch eine gemeinsame Unabhängigkeitserklärung des Parlaments der Autonomen Republik Krim sowie des Stadtrats der Stadt Sewastopol, die beide völkerrechtlich zur Ukraine gehörten, die Krim als unabhängiger Staat ausgerufen wurde und sich die Krim-Bevölkerung in einem Referendum mit großer Mehrheit für einen Anschluss an die Russische Föderation entschieden hatte, gab es bei der *Tagesschau* nur eine Deutung: Zwang durch das auf der Krim stationierte russische Militär, also Annexion. Dass weit mehr als 70 Prozent der Krim-Bevölkerung Russisch sprachen bzw. sprechen und dass die Krim-Bewohner sich noch 1991 in einem Referendum zu 93 Prozent für die »Wiederbegründung der Autonomen Sozialistischen Sowjetrepublik der Krim (ASSK) als Subjekt der UdSSR und Teilnehmer des Unionsvertrages« ausgesprochen und damit eine Wodka-Laune des ehemaligen sowjetischen Partei-Chefs Nikita Chruschtschow korrigiert hatten, der zufolge die Krim überhaupt erst der Ukraine zugefallen war, das alles war für die *Tagesschau* nie maßgeblich für ihre Berichterstattung. Nennenswerte Zweifel an der Regierungslinie, nach der die Russen aggressiv seien, nach der die Krim ewiger Bestandteil der Ukraine sei und bleiben müsse, nach der die dubiose neue Regierung in Kiew Recht habe und die auf Autonomie bzw. auf Unabhängigkeit von Kiew orientierende Bevölkerung in der Ostukraine oder der Krim Unrecht, kommen bei *ARD-aktuell* bis heute nicht auf.

Wenn Zweifel aufkamen, häufig von der Sorge vor einem Krieg in Europa getragen, dann wurden diese ganz einfach übergangen. Ein exponiertes Beispiel war der bereits erwähnte Aufruf »Wieder Krieg in Europa? Nicht in unserem Namen!« vom Dezember 2014. Unterzeichnet von mehr als 60 Prominenten, darunter ein ehemaliger Bundespräsident, ein Ex-Kanzler, diverse Länderchefs und bekannte Persönlichkeiten aus Wirtschaft und Kultur. Ein solcher Aufruf, mit solch prominenten Unterstützern, reicht nach normalen journalistischen Maßstäben für zwei Minuten *Tagesschau*, ein Nachfassen bei *Tagesthemen*, selbst eine Talkshow wäre rund um das Thema denkbar. Für die *Tagesschau* war er tagelang nicht existent, nur um dann später über Kritik an diesem Aufruf zu berichten. Aber auch dabei entfiel diese wichtige Passage: »Wir appellieren an die Medien, ihrer Pflicht zur vorurteilsfreien Berichterstattung überzeugender nachzukommen als bisher. Leitartikler und Kommentatoren dämonisieren ganze Völker, ohne deren Geschichte ausreichend zu würdigen. Jeder außenpolitisch versierte Journalist wird die Furcht der Russen verstehen, seit NATO-Mitglieder 2008 Georgien und die Ukraine einluden, Mitglieder im Bündnis zu werden. Es geht nicht um Putin. Staatenlenker kommen und gehen. Es geht um Europa. Es geht darum, den Menschen wieder die Angst vor Krieg zu nehmen. Dazu kann eine verantwortungsvolle, auf soliden Recherchen basierende Berichterstattung eine Menge beitragen.«

Verantwortungsvoll? Als im Mai 2014 in Odessa mindestens 38, möglicherweise bis zu 100 Menschen, als das Gewerkschaftshaus, in das sie sich geflüchtet hatten, von einem fanatisierten Mob von Maidan-Anhängern angezündet wurde, verbrannten oder, wo sie dem Brand entkamen, totgeschlagen wurden, wusste die *Tagesschau*-Korrespondentin Golineh Atai sofort, wer daran die Schuld trug: »Prorussische Anhänger – Aktivisten – Demonstranten sind mit Bussen weitgehend in die Stadt (Odessa) gekommen und haben mit Waffen, mit Schlagstöcken, mit Molotow-Cocktails die Menge angegriffen.« Das konnte sie erkennen, obwohl sie zur Zeit der Morde in

Donezk war, rund 700 Kilometer von Odessa entfernt. Und weil die ARD ein Hort der Objektivität ist, hat sie zu den Ursachen des Massakers flugs die Kiewer Putschregierung auf *tagesschau.de* zitiert: »Das Innenministerium in Kiew sprach von krimineller Brandstiftung«. »Kriminelle« meint im Kiew-»Wording« natürlich Regierungsgegner, die »Separatisten«. Frau Atai weiß das. Freilich sind auf den Videos ukrainischer Online-Zeitungen Bewaffnete des »Rechten Sektor« zu erkennen, die das Gewerkschaftshaus stürmen.

Unter der Überschrift »EU verlängert Krim-Sanktionen« erfährt der *Tagesschau*-User am 17. Juni 2016: »Die EU hat die Sanktionen gegen die von Russland annektierte Schwarzmeerhalbinsel Krim um ein Jahr verlängert. Damit bleiben Export- und Investitionsverbote bis Juni 2017 gültig.«[17] Nirgendwo erfährt der *Tagesschau*-Konsument, dass Reinhard Merkel, Professor für Strafrecht und Rechtsphilosophie an der Universität Hamburg, Mitglied des »Deutschen Ethikrats«, die sogenannte »Annexion« für eine – völkerrechtlich zulässige – »Sezession« hielt und hält.[18] Mit einer solchen abweichenden Meinung, die im Rahmen des häufig zitierten »Pluralismus« einen Platz in der Berichterstattung verdient gehabt hätte, will die *Tagesschau*-Redaktion ihre Zuschauer lieber nicht verunsichern. Wahrheiten halbieren durch schlichtes Verschweigen von Tatsachen, ist die einfachste und beliebteste Methode der Meinungsmanipulation.

---

17 Annexion durch Russland: EU verlängert Krim-Sanktionen, 17.6.2016, www.tagesschau.de.

18 Reinhard Merkel Die Krim und das Völkerrecht. Kühle Ironie der Geschichte, in: Frankfurter Allgemeine Zeitung, 7.4.2014 (www.faz.net).

III.
Die Macht um acht

Die *Tagesschau* macht Quote

Ein beliebiger Montag im Juli 2016: Kein Terroranschlag in Deutschland oder im umliegenden Europa, kein Zugunglück in der Heimat, nichts, was den Zuschauer, der häufig schon durch sein Radio oder seine Internet-Nachrichten »vorgewarnt« ist, vor den Fernseher treiben könnte. Und doch versammelte die *Tagesschau* an diesem Tag um 20.00 Uhr 3,96 Millionen Zuschauer vor der Glotze. Zeitgleich lief Günther Jauchs beliebte Show »Wer wird Millionär«. An diesem Termin war sie mit Prominenten aufgeladen, und der »klügste Mann der Nation« (FAZ) erreichte in seinen drei Stunden beträchtliche 6,15 Millionen Zuschauer. Doch zählt man die Zuschauerzahl der *Tagesthemen* (2,78 Millionen), der Schwester-Sendung im *ARD-aktuell*-System um 22:15 Uhr, zu den 3,96 Millionen der *Tagesschau* dazu, dann liegen die Nachrichtensendungen der ARD sogar mit der populären Jauch-Show gleichauf.

Die *Tagesschau*-Hauptausgabe ist die mit Abstand meistgesehene Nachrichtensendung im deutschen Fernsehen. Im Jahr 2015 erreichte sie im Durchschnitt 9,11 Millionen Zuschauer im Ersten, in den Dritten Programmen der ARD, auf 3sat, Phoenix und *Tagesschau24*. Neben der Hauptausgabe der *Tagesschau* um 20:00 Uhr folgen dann meist um 22:15 Uhr die *Tagesthemen* und in der Regel zwischen 0:00 und 1:00 Uhr das *Nachtmagazin* als letzte ausführliche Sendung mit den Nachrichten des Tages. Im Nachtprogramm werden dann zwischen 1:00 Uhr und 5:30 Uhr zwei Ausgaben der *Tagesschau* in 100 Sekunden ausgestrahlt.

Andere Nachrichtensendungen, wie *heute* (ZDF) um 19.00 Uhr, erzielten im selben Jahr mit 3,6 Millionen Zuschauern deutlich weniger, die konkurrierenden RTL-Nachrichten um 18.45 Uhr kamen auf 3,1 Millionen Konsumenten. Und auch die gedruckte Konkurrenz liegt weit hinter dem *ARD-aktuell*-Komplex: Von den überregionalen Tageszeitungen liegt immer noch *BILD Deutschland* mit 2,3 Millionen verkaufter Auflage auf dem 1. Platz, gefolgt von der *Süddeutschen Zeitung* mit kaum mehr als 400.000 täglichen Exemplaren und der *Frankfurter Allgemeine*, die ein wenig mehr als 300.000 Stück auf die Quotenwaage bringt. Und immer muss bei diesem Vergleich berücksichtigt werden, dass die *Tagesschau* sich nur mit Nachrichten beschäftigt, während die diversen Zeitungen die komplette Themenbreite des Tages – von der Wirtschaft über den Sport bis zur Kultur – abdecken.

Nicht zuletzt muss sich die Quote der *Tagesschau* in der 20.00-Uhr-Zeit gegen jede Menge Vorabendserien durchsetzen: Von der RTL-Dauersendung »Gute Zeiten, schlechte Zeiten« über das Pro 7-Wissensmagazin *Galileo* bis zur Kabel-eins-Doku-Soap »Achtung Kontrolle! Einsatz für die Ordnungshüter«, die zwischen drei und einer Million Zuschauer generieren. Selbst beim alexa-Ranking der Online-Nachrichtenmedien – im alexa-Ranking sind die niedrigsten Zahlen die besten, die höchsten entsprechend schlechter – gehört *tagesschau.de* mit einem Platz bei 90, weit vor ZDF *heute.de*, das mit einem Platz über 700 zufrieden sein muss, zu den Besten und wird nur von *t-online.de*, einem reinen Internet-Portal und dessen Platz 10, geschlagen.

Sogar bei den internetaffinen 14- bis 49-Jährigen war die *Tagesschau*-Hauptausgabe im Jahr 2015 auch die meistgesehene Nachrichtensendung – rechnet man die Reichweiten auf allen Sendern zusammen, kam diese mit 1,73 Millionen jungen ZuschauerInnen allabendlich auf einen Marktanteil von 19,1 Prozent. Nach Angaben des NDR verzeichnete die *Tagesschau* darüber hinaus auch bei Unter-30-Jährigen die meisten ZuschauerInnen. Hier waren aber auch die *RTL II News* gefragt: Sie verzeichneten 2015 bis zu 27,6 Prozent Marktanteil in der jungen Zielgruppe der 14- bis 29-Jährigen und kamen hier auf im Schnitt 12,2 Prozent.

Auch die Werbeeinnahmen, die an die *Tagesschau* gebunden sind, dürfen als Beleg für die Attraktivität der Nachrichtensendung gelten: 41.700 Euro kostet der Spot für 20 Sekunden in der »Best Minute« kurz vor der *Tagesschau. RTL Aktuell* nimmt mit 20.000 Euro nur halb so viel pro 20-Sekunden-Spot ein. Die *Tagesschau* ist die Macht um acht. Und auch zu anderen Tages- und Nachtzeiten ist der Nachrichten-Komplex *ARD-aktuell* der dominante Nachrichtengeber und prägt allein durch die Masse seiner Konsumenten die Informations-Lage der Nation.

IV.
Die Agentur der Agenturen

Tagesschau-Nachrichten enthalten zu mehr als 80 Prozent gekauftes Agenturmaterial. Wenn *dpa* aus Syrien beispielsweise einen »Luftschlag« der »Westallianz gegen den IS« meldet, dann übernimmt die *Tagesschau* solche Nachrichten meist wortwörtlich und verzichtet nicht einmal auf die unsäglich dümmliche, Entsetzliches verschleiernde Floskel »Luftschlag«. Hingegen verschweigt sie: Unsere Demokratiebringer, also die USA und deren Verbündete, haben mehr als 120 harmlose Dorfbewohner massakriert, möglicherweise waren's sogar mehr als 200 (18.7.2016, bei Manbij). Wenn die US-*Connection* schon wieder 40.000 Tonnen Waffen ins Kriegsgebiet gepumpt hat und ein frisches Dschihadisten-Heer, begleitet von den Söldnern der US-Firma »Academi« und der britischen *Special Forces,* seine Kriegsverbrechen begeht, so adelt *ARD-aktuell* dies auf *dpa*-Deutsch als »Bürgerkrieg« und lässt Agentursprüche über »gemäßigte Rebellen« versenden. Nutznießer, Verbrecher und Anheizer des Krieges werden nicht demaskiert. Verlogene *political correctness* statt Ross und Reiter: Dafür erhalten Chefredakteure Spitzengehälter (*ARD-aktuell*: monatlich mehr als 15.000 Euro). Unverfälschte Informationen muss man sich anderswo besorgen:

> »(…) dass Frankreich, Großbritannien und Deutschland seit Jahren Waffen in gigantischem Umfang an die Golfstaaten lieferten, vor allem an Saudi-Arabien und Katar, von wo sie nach Syrien geschmuggelt wurden und den Flächenbrand dort mit entzündeten, wird kaum dokumentiert.«[19]

---

19 Karin Leukefeld, Die Verantwortung des Westens für das Elend im Mittleren Osten, www.nachdenkseiten.de, 11.8.2016.

Verabschieden wir uns vom Glauben an die Massenmedien als Vierte Gewalt, als Institut der Kritik der Macht und der Mächtigen in Legislative, Exekutive und Judikative und erst recht der Macht des Kapitals. Ein solches Selbstverständnis geben unsere Rundfunk-Repräsentanten zwar vor, aber in ihren Nachrichtensendungen kommt es nicht zur Geltung. Der Rundfunk ist eines der wichtigsten Herrschaftsinstrumente unserer Parteienoligarchie. »Informations«-Sendungen wie *Tagesschau* und *Tagesthemen* stabilisieren sie im Interesse unserer plutokratischen Elite: 130 deutsche Multimilliardäre und mehr als eine Million Millionäre sind ein imperativer Machtkomplex oberhalb des staatlichen Herrschaftsbereichs. Im Besitz dieser Leute sind auch die Nachrichtenagenturen, von denen wiederum unsere Leit- und Massenmedien ihre Informationsware beziehen, die öffentlich-rechtlichen Institute ebenso folgsam wie die kommerziellen Unternehmen.

Dennoch preist der *Norddeutsche Rundfunk* seine Hauptabteilung *ARD-aktuell* als Gral des der Wahrheit verpflichteten Nachrichtenjournalismus. Als ob die Sendungen dem Zuschauer tatsächlich ein stimmiges Urteil über »das Wichtigste vom Tage« ermöglichten.

Die Redaktion *ARD-aktuell* ist nur der letzte Flaschenhals, durch den hindurchgepresst wird, was zuvor schon durch viele Filter geleitet worden war: bei Pressestellen der Regierungen und der Parteien sowie der Wirtschaft, gesiebt und gewichtet von den Korrespondenten der Agenturen, schließlich von den Zentralredaktionen dieser Agenturen noch einmal gefiltert und verarbeitet, ehe das Produkt zum Keltern an die Redaktionen der großen Verteiler geht, der TV- und der Funkhäuser …

Sieben, Filtern, Schablonieren: die Agenturen

Rund um den Globus sprudeln die unterschiedlichsten Informationsquellen unaufhörlich. Vollkommen ausgeschlossen, sie alle im Blick zu behalten und ein Exzerpt zu erarbeiten. Binsenweisheit: Es kommt letztlich darauf an, wer welche Quellen zu welchen Zwecken nutzt. Ist uns das beim Konsum von TV-Nachrichten stets bewusst?

Wes' Brot ich ess', des Lied ich sing'. Das gilt nicht nur für Agenturjournalisten, sondern auch für deren Arbeit- bzw. Auftraggeber, für die

Agenturen selbst. Sie existieren nicht im luftleeren Raum, sind nicht unabhängig vom gesellschaftlichen System, in dem sie Profit machen wollen und müssen; Nicht-Kommerzielle sind zumeist an Weisungen der Regierung ihres Heimatlandes gebunden. Es versteht sich, dass russische Nachrichtenagenturen wie *ITAR-TASS* (staatlich), *RIA Novosti* (Teil der staatlichen Medienholding WGTRK), *Sputniknews* (halbstaatlich) und *Interfax* (privat) die Welt mit anderen Augen ansehen (und beschreiben lassen) als die US-amerikanische *Associated Press* (AP, kommerziell), die britische *Reuters* (kommerziell) und die französische *Agence France Presse* (AFP, staatlich-kommerziell). Die *Deutsche Presseagentur* (dpa, eine GmbH) ist hier zu erwähnen, nicht etwa weil Welt-Agentur wie die drei anderen westlichen Monopole, sondern weil sie mit AP USA-konform kooperiert und in den deutschen Massenmedien eben Marktführer ist. Von begrenzter Bedeutung für die westliche Nachrichtenwelt ist noch die chinesische Agentur *Xinhua* (staatlich). Eine (unvollständige) Liste der Nachrichtenagenturen aus aller Welt findet sich in der Wikipedia unter »Liste der Nachrichtenagenturen«.

Es wäre eine eigene Betrachtung wert, warum in den deutschen Massenmedien z.B. die großen indischen Agenturen nicht vorkommen; warum indigene lateinamerikanische und afrikanische Agenturen geschnitten werden. Liegt das an uns, den Rezipienten? Oder an der Auswahlpraxis der Redaktionen? Lässt sich beispielsweise ein zumindest halbwegs stimmiges Bild des Kriegsgeschehens in Syrien herstellen und vermitteln, wenn bei *ARD-aktuell* aus ideologischen Gründen die Informationsangebote östlicher und lokaler Nachrichtenagenturen weggedrückt werden?

Pointiert beschrieb Peter Scholl-Latour, was Sache ist: »Wir leben in einem Zeitalter der Massenverblödung, besonders der medialen Massenverblödung«. (www.heise.de, 9.3.2014)

Die verbale Breitseite gilt insbesondere den Nachrichtensendungen der öffentlich-rechtlichen Rundfunkanstalten. Sie sind zwanghaft fixiert auf die beschränkten und einschränkenden Angebote willkürlich ausgewählter Nachrichtenagenturen, speziell der *dpa*. Was die Agenturen nicht melden, findet in den Nachrichtensendungen nicht statt. Denn die Agenturen gelten, wie ein namentlich nicht genannter, aber fachkundiger Autor auf dem Internet-Portal *NachDenkSeiten* schreibt, »als seriöse Organe ... Letztlich reproduzieren Agenturen genau deshalb vor allem sowieso schon dominante Interpretationsmuster, Sprachregelungen und orthodoxes Wissen.« (www.nachdenkseiten.de)

Wundern wir uns also nicht, wenn Nachrichten über ein und dasselbe Thema in den unterschiedlichsten »westlichen« Medien nicht nur inhaltsgleich, sondern sogar gleichförmig erscheinen. *Tagesschau* & Co. liefern, abgesehen von Berichten ihrer Korrespondenten und Reporter, fast ausschließlich Material der West-Nachrichtenagenturen. Auch die ARD-eigenen Reporter- und Korrespondentenberichte beruhen häufig auf Agenturtexten, sie haben kaum eigenständige Themen zum Gegenstand (wie sich beim vergleichenden Blick auf andere Medien zeigt). Die *Tagesschau* stanzt nur aus bereits vorhandener Rohmasse.

Frage: Dürfen wir dem *ARD-aktuell*-Chefredakteur Dr. Kai Gniffke und seinen redaktionell Mitwirkenden vollkommene Arg- und Absichtslosigkeit zu Gute halten bei dem, was sie publizieren (lassen) und informationspolitisch zu verantworten haben? – Dürfen wir nicht. Politische Schlagseite nach rechts wird dem »Flaggschiff der ARD« (Selbstbezeichnung) ja nicht grundlos nachgesagt, sondern weil der Kahn sichtlich steuerbords tiefer im Wasser liegt als backbords.

Willige Nachrichtenagenturen

Es wäre überaus naiv, zu glauben, die Welt-Nachrichtenagenturen seien allein schon wegen ihrer schieren Größe und globalen Präsenz oder einer (selteneren) staatsfernen Konstruktion in der Lage, kritisch-objektiv übers politische Weltgeschehen zu berichten. Hierzu eine Nachricht, von der mit keinem Wort in Sendungen der *ARD-aktuell* die Rede war, trotz des unbezweifelbaren Gewichts: Marc Brupbacher, Leiter der online-Redaktion des *Tages-Anzeiger* (Zürich) und offensichtlich ein Mann mit Zivilcourage, machte den Mund auf:

> *»27.000 PR-Berater polieren Image der USA*
>
> Tom Curley, Chef der amerikanischen Nachrichtenagentur AP, referierte (...) über den Druck des US-Verteidigungsministeriums

auf seine Berichterstatter in Kriegsgebieten wie Irak oder Afghanistan. (...) Hohe Generäle hätten gedroht, dass man die AP und ihn ruinieren werde, wenn die Reporter weiterhin auf ihren journalistischen Prinzipien beharren würden. (...)

27.000 PR-Berater kassieren 4,7 Milliarden Dollar
(...) Laut AP-Recherchen verfügt das Pentagon über 27.000 Personen, die ausschließlich für die Öffentlichkeitsarbeit (PR, Werbung, Rekrutierung) zuständig sind. (...) Die PR-Maschinerie des Militärs kostet die Steuerzahler jährlich 4,7 Milliarden Dollar. (...)

PR-Zentrale auf abgelegenem Luftwaffen-Stützpunkt
Eine für den Informationskrieg zuständige Dienststelle namens »Joint Hometown News Service« befindet sich nach AP-Informationen auf einem früheren Luftwaffen-Stützpunkt in San Antonio, Texas. Dort würden Wort- oder Bildberichte produziert, die man unter falscher Quellenangabe den Medien zuspielt. (...) Dieser Service ist nur ein kleiner Ausschnitt des ständig wachsenden Pentagon-Medienimperiums.« (www.tagesanzeiger.ch, 12.2.2009)

Auch das im Heise-Verlag erscheinende Onlinemagazin *Telepolis* berichtete ausführlich:

»USA: AP-Chef beklagt den Druck des Militärs auf unabhängige Berichterstatter

(...) insbesondere kritisierte Curley den Ausbau des Pentagon zu einer ›weltweit agierenden Propagandamaschine‹.

(...) warf der Regierung unter Präsident Bush vor, dass sie Hunderte von Menschen, darunter Journalisten, der Menschenrechte beraubt habe. Als Beispiel zitierte er einen AP-Fotografen, der im Irak länger als zwei Jahre vom amerikanischen Militär festgehalten wurde.« (www.heise.de 9.2.2009)

Was Curley über die Fälscherwerkstätten des Pentagon berichtet, wäre über viele ähnliche Regierungseinrichtungen in aller Welt zu sagen.

Die schiere Masse der weltweit verfügbaren Detailinformationen ist und bleibt auch für große Nachrichtenagenturen eine kaum zu bewältigende Herausforderung. Auf dieses Unvermögen bauen *Spin-Doctors,* raffinierte Geschichtskonstrukteure, Märchenerfinder, Wortakrobaten, wahre Giftmischer in den Desinformationslabors der Regierungen und Geheimdienste. Sie liefern deshalb komplette Fertigware an willige Agenturjournalisten. Aber auch private Institutionen wirken an der weltweiten Meinungssteuerung mit, propagieren das als »Nachrichtenarbeit« und bieten ungeniert manipulative Fertigware feil. Eine der bedeutenderen ist das *Project Syndicate.* Die Selbstdarstellung dieses Ladens darf man sich auf der Netzhaut und dem Trommelfell zergehen lassen:

> »*Project Syndicate* produziert und liefert originale, hochwertige Kommentare an ein globales Publikum. Mit exklusiven Beiträgen von prominenten politischen Führern, Politikern, Wissenschaftlern, Wirtschaftsführern und bürgerlichen Aktivisten aus der ganzen Welt bieten wir Medien und ihren Rezipienten modernste Analysen und Einsichten (…) (zu unseren Kunden zählen) jetzt fast 500 Medien (…) in mehr als 150 Ländern.« (www.project-syndicate.org; Übers. a. d. Engl.: d. Verf.)

Der österreichische Blogger Manfred Petritsch (»Freeman«), vom Mainstream als »Verschwörungstheoretiker« abgetan, nennt als einen bedeutenden Geldgeber des *Project Syndicate* den Multimilliardär und global aktiven Währungsspekulanten George Soros und sein *Open Society Institute.* Eben jene Stiftung, die auch stets die Finger und ihre Gelder im Spiel hat bei den vom Westen inszenierten sogenannten Farbenrevolutionen. Nochmals Peter Scholl-Latour:

> »Das größere Problem sind Fabriken der Desinformation, ob sie sich nun in North Carolina, London oder Israel befinden. Die zielen auf deutsche und europäische Medien. Und das klappt. Von der *taz* bis zur *Welt* – ein Unisono, was die Ukraine betrifft. Oder Syrien: Als man die Aufständischen als die Guten und die anderen

als die Bösen dargestellt hat … Wir leben mit so vielen Lügen …« (www.tagesspiegel.de, 17.8.2014)

Schweizerische Studie über die Agenturen

Werfen wir einen Blick in eine Schweizer Studie über das Wesen der international tätigen Nachrichtenagenturen. Alarmierend genug ist bereits, was die Autoren über sich selbst und ihre Arbeit mitteilen zu müssen glauben:

> »*Swiss Propaganda* ist ein Forschungs- und Informationsprojekt zu geopolitischer Propaganda in Schweizer Medien. Studien sowie Internetauftritt wurden von einem politisch und publizistisch unabhängigen Forscherteam in eigener Initiative und ohne Finanzierung oder Beauftragung erstellt.
>
> Um persönliche Diffamierungen und berufliche Sanktionen zu vermeiden, möchten die Mitglieder der Forschungsgruppe die präsentierten Informationen und Ergebnisse für sich selbst sprechen lassen und nicht namentlich auftreten. Wir bitten um Verständnis.« (swisspropaganda.wordpress.com)

Mache sich jeder einen Reim darauf, wie es um die Freiheit im Journalismus und in der Forschung bestellt ist, wenn solcher Zwang zur Anonymität der Autoren erforderlich zu sein scheint. In ihrem Kapitel »Der Propaganda-Multiplikator« ist die Einleitung zugleich eine Quintessenz:

> »Wenn es um Geopolitik und Kriege geht, berichten die etablierten Medien selbst in der offiziell neutralen Schweiz erstaunlich gleichartig und einseitig.
>
> Sie tun dies womöglich nicht ganz freiwillig, denn die Schweiz steht unter Druck. Eine allzu objektive Berichterstattung und die Verwendung ›feindlicher‹ Quellen könnten unangenehme politische und wirtschaftliche Konsequenzen für das erfolgreiche Alpenland haben. Schweizer Medien: unabhängig oder angepasst?« (swisspropaganda.wordpress.com, Juni 2016)

Die Feststellung im ersten Absatz betrifft in noch viel stärkerem Maße die leider nicht neutrale Bundesrepublik Deutschland. Dass Berlin den imperialen USA und der NATO die Gefolgschaftstreue halten muss und will, dafür ist nicht nur die hemmungslos fortgesetzte Schnüffelpraxis der US-Geheimdienste ein Beleg. Die BRD lässt sich zu Geheimverhandlungen über TTIP herbei, US-Atomwaffen werden auf ihrem Boden geduldet, den US-Streitkräften weiterhin 17 Militärbasen, Truppenübungs- und Flugplätze anheimgegeben und für das Ganze auch noch die Betriebskosten bezahlt. Wünscht Washington, dass Westeuropa Russland mit Sanktionen belegt, dann hat zuvorderst Berlin zu parieren.

Die BRD ist ein Trabant der USA. Die Nachrichten unserer Massenmedien sagen das allerdings nicht. Sie hüten sich jedoch mindestens ebenso wie die Schweizer, »feindliche« Quellen anzuzapfen. Die West-Nachrichtenagenturen nehmen bei der Ausformung ihrer Ware natürlich Rücksicht auf den Status und die Bedürfnisse ihrer Kundschaft, auf die angepasste Rolle beispielsweise von *Tagesschau* & Co.

In Agenturtexten sind folglich die USA »Verbündete«, nicht Imperialisten. Mit Agenturphrasen wie »westliche Führungsmacht« wird eine unterwürfige *corporate identity* gefördert, versüßt mit gönnerhaften Formeln wie dem Spruch des US-Präsidenten George W. Bush, Deutschland sei ein *partner in leadership*, Teilhaber der Weltherrschaft, als sei diese wünschenswert. Die *Tagesschau* beachtet nicht, welche Arroganz und wie viel Herablassung in solchen Floskeln steckt, die Agenturfloskel »Westliche Wertegemeinschaft« wird nicht einmal als Propaganda begriffen.

Unsere Medien sind westlich genormt, nicht aufklärerisch. Sie sind Herrschaftsinstrument zur Kontrolle der Massen, nicht Mittel der Massen zur Kontrolle der Mächtigen.

Dass die wenigen unangepassten Medien, die es noch gibt, kaum Wirkung und keine große Verbreitung erzielen, dafür ist gesorgt: mittels antikommunistischer Agitation, mit der Diskriminierung »verschwörungstheoretisch« oder mit Totschweigen … *ARD-aktuell* erwähnt echte politische Alternativen nicht, greift nicht auf *RIA Novosti*

Der Propaganda-Multiplikator

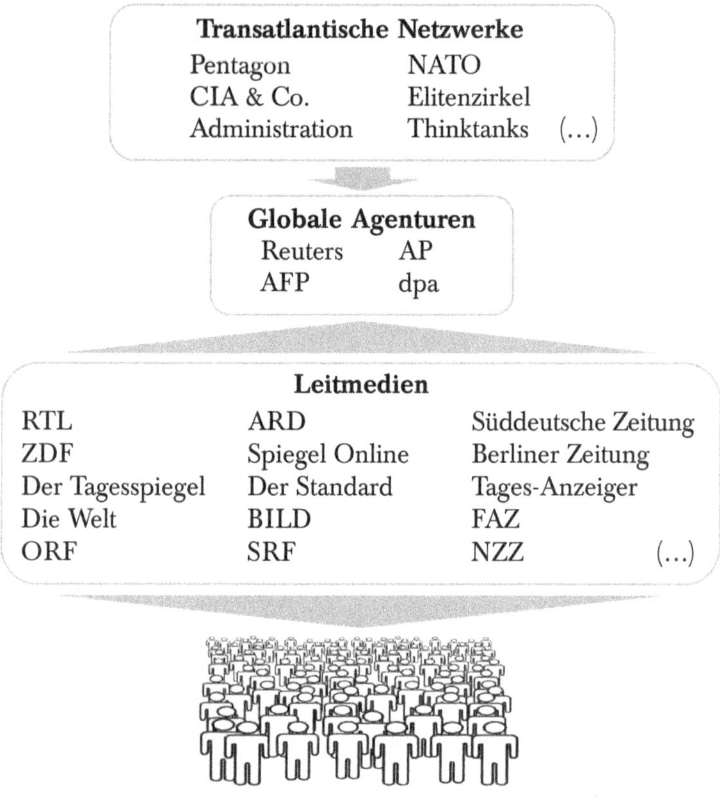

Schaubild auf Grundlage einer Grafik von swisspropaganda.wordpress.com.

und *Sputniknews* zu, zitiert nur dpa, gegebenenfalls sogar ausschließlich Regierungssprecher, *BILD* oder die *Süddeutsche,* und stellt auf diese Weise politische Inzucht sicher. Die anderen öffentlich-rechtlichen Medien und Formate halten es genauso.

Das oben stehende Schaubild zeigt, wie die westliche Steuerung des globalen politischen Informationsflusses organisiert ist und was dabei zustande kommt: ein Heer gleichförmig denkender Menschen, »befreit« von individuellen Eigenheiten.

Die Studie »Swiss Propaganda Research« zitiert im Abschnitt »Wie globale Nachrichtenagenturen und westliche Medien über Geopolitik berichten« zunächst den vormaligen Verwaltungsrats-Präsidenten der *Neuen Zürcher Zeitung (NZZ)* Konrad Hummler:

> »Man muss sich deshalb immer fragen: Weshalb kommt jetzt gerade diese Information in dieser Form auf mich zu? Letztlich stecken immer Machtfragen dahinter«,

und definiert und skizziert dann die Knotenpunkte im »unsichtbaren Nervenzentrum des Mediensystems«:

> »Globale Agenturen gibt es inzwischen nur noch drei:
> 1. Die amerikanische *Associated Press* (AP) mit weltweit über 4.000 Mitarbeitern. Die AP gehört US-Medienunternehmen und hat ihre Hauptredaktion in New York. AP-Nachrichten werden von rund 12.000 Medien genutzt und erreichen dadurch täglich mehr als die Hälfte der Weltbevölkerung.
> 2. Die quasi-staatliche französische *Agence France-Presse (AFP)* mit Sitz in Paris und ebenfalls rund 4.000 Mitarbeitern. Die AFP versendet pro Tag über 3.000 Meldungen und 2.500 Fotos an Medien in aller Welt.
> 3. Die britische *Reuters* in London, die privatwirtschaftlich organisiert ist und etwas über 3.000 Mitarbeiter beschäftigt. Reuters wurde 2008 vom kanadischen Medienunternehmer Thomson – einem der 25 reichsten Menschen der Welt – gekauft und zu Thomson-Reuters mit Sitz in New York fusioniert.
>
> Daneben gibt es noch diverse kleinere, nationale Nachrichtenagenturen. In den deutschsprachigen Ländern sind dies insbesondere:
> - Die *Deutsche Presse-Agentur* (dpa), die als semi-globale Agentur über rund 1.000 journalistische Mitarbeiter in circa hundert Ländern verfügt. Die dpa ist im Besitz von deutschen Medienverlagen und Rundfunkanstalten und hat ihre Hauptredaktion seit 2010 im Axel-Springer-Haus in Berlin. (…)

> Die dpa kooperiert ihrerseits eng mit der amerikanischen AP und besitzt die Lizenz zur Vermarktung der AP-Dienste im deutschsprachigen Raum.«[20]

Die Frage lassen wir offen, wie unabhängig und tauglich zu objektiver, wahrheitsgetreuer Berichterstattung eine Agentur sein mag, die sich mehrheitlich im Eigentum kommerzieller Großverlage befindet, ihren Sitz im Berliner Axel-Springer-Haus hat und Material eines US-Mediengiganten, nämlich der Associated Press, in Lizenz verarbeitet. Mache sich darüber Gedanken, wer dafür noch Zeit hat.

Wir wenden uns derweil dem wichtigsten »Kunden« der *dpa* zu. Nämlich der Hauptabteilung *ARD-aktuell* im NDR, der die Redaktionen von *Tagesschau*, *Tagesthemen*, *Nachtmagazin*, *Wochenspiegel*, *Tagesschau24*, *tagesschau.de* und kleinerer Konstrukte zugeordnet sind.

ARD-aktuell

Eine durchschnittliche Margarinefabrik könnte kaum plattere Eigenwerbung hinkriegen als diese hier:

> *»Die Korrespondenten der ARD*
>
> Die Korrespondent/innen im In- und Ausland sind das Rückgrat der ARD-Nachrichtensendungen – sowohl im Fernsehen als auch im Hörfunk und Online. Sie machen die besondere Qualität unserer Berichterstattung aus. (...) Die Fernseh- und Radio-Korrespondent/inn/en der ARD informieren aktuell und kompetent.
>
> Für die Inlandsberichterstattung sind die *ARD-aktuell*-Redaktionen in den neun Landesrundfunkanstalten der ARD zuständig. (...)
>
> Die besondere Stärke der ARD sind ihre Korrespondent/innen in den 30 Auslandsstudios. Dieses Netz hat sich seit den 50er Jahren zu einem der größten der Welt entwickelt. (...)

20 »Der Propaganda-Multiplikator: Wie globale Nachrichtenagenturen und westliche Medien über Geopolitik berichten«, Eine Studie von Swiss Propaganda Research, Juni 2016 (https://swisspropaganda.wordpress.com)

Für das Fernsehen berichten 45 Korrespondent/innen aus dem Ausland, für das Radio 60 Korrespondent/innen. Die Kosten für die Auslandsberichterstattung der ARD liegen jährlich bei rund 67 Millionen Euro: knapp 48 Millionen für das Fernsehen und 19 Millionen Euro für das Radio. Das entspricht einem Anteil von etwa 16 Cent am monatlichen Rundfunkbeitrag.« (http://korrespondenten.tagesschau.de)

Dass die ARD für die Tätigkeit von 105 Korrespondenten im Ausland 67 Millionen Euro pro Jahr ausgibt, könnte den Einen oder Anderen verblüffen und den Zwangszahler bewegen, eine Kosten-Nutzen-Rechnung aufzumachen. Dem möchte die ARD vorbeugen und macht deshalb ganz schnell einen auf billig. Wer regt sich schon über 16 Cent auf?

Das Korrespondenten-Netz, der Stolz der ARD: »… eines der größten der Welt.« Mit gerade mal 30 Büros weltweit, besetzt mit insgesamt 105 Journalisten. Donnerwetter. Man vergleiche: Selbst die »Semi-Weltagentur« dpa unterhält rund um den Globus (nach eigenen Angaben) 1.300 Mitarbeiter. Und schauen wir erst einmal kritisch auf dieses »Rückgrat«, schon fallen uns manipulative und agitatorische Fehlleistungen ein, Falschmünzerei von Korrespondenten wie Udo Lielischkies, Thomas Roth, Golineh Atai u.a. Beispiele: Lielischkies berichtete zu Bildmaterial nach einem nächtlichen Feuerüberfall bei Mariupol, der Tod von zehn Bewohnern und die Zerstörung von mehr als 50 Wohnhäusern seien das Werk »pro-russischer Separatisten« gewesen, obwohl Zeugen des Artilleriebeschusses dafür die ukrainische Armee verantwortlich gemacht hatten; Roth hatte ein Interview mit dem russischen Präsidenten dermaßen verkürzt, dass es so schien, als habe Putin einen russischen Angriff auf Georgien gerechtfertigt (obwohl seinerzeit Georgien der Angreifer in Ossetien gewesen war); Atai verzichtete schon am Tag nach dem Pogrom von Odessa darauf, die Täter als faschistoide Parteigänger des Putschregimes in Kiew zu benennen, und berichtete auch in der Folgezeit über die Ukraine fast ausschließlich aus der Sicht des Pressezentrums in Kiew, hingegen aus der Ostukraine nur sehr selten. (Kostproben sind den im folgenden

Kapitel versammelten Programmbeschwerden zu entnehmen). Solche ARD-»Spitzenleute«, auf dem Bildschirm und im öffentlichen Bewusstsein präsent, ernten zwar Journalistenpreise (dank inzestuöser Besetzung der Jurys), aber gelegentlich auch den Proteststurm eines Publikums, das sich nicht für dumm verkaufen lässt.

Zwischenbemerkung

Ein Korrespondent/eine Korrespondentin im Ausland bezieht neben dem Gehalt der obersten Rundfunk-Tarifklasse (mutmaßlich 10.000 Euro monatlich) noch satte Auslandszulagen und Zuschüsse für Wohnung und Arbeitsaufwand/Spesen. Unter Berücksichtigung des Währungsgefälles zwischen Euro und z.B. Rubel und den durchschnittlich niedrigeren Lebenshaltungskosten im Gastland und eingedenk dessen, dass er/sie oft nicht die Landessprache beherrscht, drängt sich die Frage auf: Wie eng ist seine/ihre Beziehung zur Normalbevölkerung des Landes? Wie gut kennt er/sie überhaupt deren Alltag? Wie objektiv bzw. sachgerecht sind seine/ihre Erkenntnisgrundlagen über das Leben dort?

Über einen Kamm scheren wollen wir nicht. Es gab und gibt Korrespondenten, die sich nicht verbiegen, sich nicht den sachfremden Forderungen und Diktaten ihrer Heimatredaktionen unterwerfen wollen oder wollten. Sie waren bzw. sind jedoch Ausnahme-Erscheinungen. Peter Scholl-Latour wurde schon zitiert. Die ARD-Korrespondenten Fritz Pleitgen, Peter Merseburger, Lutz Lehmann, Dagobert Lindlau, Dieter Gütt, Gabriele Krone-Schmalz – um einige Namen zu nennen. Dass gerade eine Gabriele Krone-Schmalz heute nicht mehr aus Moskau berichtet, sondern eine Golineh Atai, belegt die Unterordnung des öffentlich-rechtlichen Informationsauftrags unter die Direktiven des neuen Kalten Kriegs und die professionelle Armseligkeit derjenigen, mit denen man nun die »mediale Verblödung« (Scholl-Latour) betreibt.

Ein weiteres Problem: Die Nähe der ARD-Inlandskorrespondenten zu den Zentralen politischer und wirtschaftlicher Macht. Journalisten, Spitzenpolitiker und Ministerialbürokraten kennen sich, man ist in engem Kontakt zueinander, in geradezu symbiotischer Beziehung. Das Ergebnis ist eine distanzlos-konformistische Berichterstattung.

»Das Verhältnis zwischen Journalisten und ihren Quellen ist (...) bestimmt vom Tauschgeschäft ›Information gegen Publizität‹: Der Journalist bekommt Informationen und verschafft im Gegenzug seiner Quelle (oder deren Anliegen) Öffentlichkeit. (...) Entscheider aus Politik und Wirtschaft geben Hintergrundwissen, Exklusivinformationen oder Interviews am ehesten jenen Journalisten, mit denen sie auf einer Wellenlänge liegen und von denen sie keine ernsthafte Gefahr für die eigene Position befürchten müssen.«[21]

Vorbei sind die Zeiten, da es nur sechs beziehungsweise sieben *Tagesschau*-Ausgaben pro Tag gab und für die Redakteure zwischen den einzelnen Sendungen ausreichend Zeit war, das Agenturmaterial um Informationen aus Archiven oder aus eigener Recherche zu ergänzen. Heute haben wir »Nachrichten im Viertelstundentakt«, »Nachrichten in 100 Sekunden«, jederzeit ist per TV oder Internet eine aktuelle Nachrichtensendung verfügbar. Schneller, häufiger, mehr – aber besser und informativer ganz sicher nicht.

ARD-aktuell, heute eine Hauptabteilung mit 150 journalistischen Mitarbeitern sowie an die 200 Beschäftigten in der Technik, der Produktion und in der Verwaltung, ist aufgeteilt in mehrere Dienstschichten, die teilweise rund um die Uhr arbeiten. Das organisatorische Grundschema:

- Hauptabteilung
- Leitung
- Bereich Planung
- Bereich Sendeteam
- Bereich Strategie und Innovation
- tagesschau24
- Bereich Verwaltung
- tagesschau.de

---

21 Uwe Krüger: Immer einer Meinung. Wie Alphajournalisten die politische Debatte bestimmen, in: Blätter für deutsche und internationale Politik, 8/2016, S. 77-90.

Zunächst einmal das Sendeteam mit 84 Redakteurinnen und Redakteuren. Ihre Aufgabe: Zusammenfassung von Meldungen und Agenturmaterial, Berichten und Korrespondentenbeiträgen innerhalb kurzer Zeit und deren Aufbereitung für verschiedene Ausspielwege, inkl. Online, auch unter hohem Zeitdruck. Auswählen, Redigieren und Bearbeiten (Journalistenschnitt, Texten und Sprachaufnahme) von Filmbeiträgen unter hohem Zeitdruck.

- Dienstleiter in einer Nachrichtenschicht
- Sichten und Auswählen von Fotos und Kartenmaterial

In dieser Beschreibung fehlt, dass die Tätigkeit an Bildschirmarbeitsplätzen stattfindet. Aus einer vom Dienstleiter auf den Bildschirm geschickten Fülle von Agenturtexten, oft grauslich zusammengeschmiert, muss der jeweils bedachte Redakteur – *copy & paste* – Textbrocken lösen und zur *Tagesschau*-Nachricht vermanschen. »Unter hohem Zeitdruck« – na gewiss doch, hier geht es ja nicht um Nachdenken, Prüfen, Abwägen oder Zusatzrecherche. Wo vormals gut ausgebildete und qualifizierte Cutterinnen und Cutter tätig waren, machen heute Redakteure einen »Journalistenschnitt«, schnippeln die Filmbeiträge selbst zusammen. Das ist billiger, und formale Qualitätsfragen stören nur, wo doch heute jeder mit der Handycam herumwedelt und zeigt, wie Filme gemacht werden. Mit dieser Realität kontrastiert die *ARD-aktuell*-Selbstdarstellung des »Bereichs Sendeteam«:

> »Das Sendeteam kümmert sich um die Reporterberichte der Korrespondenten und betreut sie bis zur Sendung. Außerdem werden eigene Nachrichtenfilme produziert inkl. Grafiken zur optischen Verdeutlichung von Sachverhalten. Ständig müssen die Agenturmeldungen verfolgt und nachrichtengerecht umgesetzt werden. Das Sendeteam sorgt dafür, dass Text und Bild zusammen den größtmöglichen Informationswert für die Zuschauer bilden. Die Senderedakteure und CvD's[22] sind schließlich auch für die erfolgreiche und fehlerfreie Sendung der Nachrichten verantwortlich.«

---

22 CvD = Chefs vom Dienst, d. Verf.

Für die *Tagesthemen* arbeitet wiederum eine andere Redaktionsgruppe, 31 Leute plus zwei Moderatoren, die sogenannte Planungsredaktion. Die selbstgestrickte Arbeitsplatzbeschreibung ist ein Musterbeispiel aufgeblasener Hermetik:

> »Die Planung entwickelt und koordiniert die Themen, die dann Inhalt der *Tagesschau* und der anderen Formate von *ARD-aktuell* werden. Hier laufen die Angebote der Korrespondenten aus dem In- und Ausland ein. Die Planung schafft eine Art ›Speiseplan‹ für das Sendeteam, der über den Tag immer wieder in zahlreichen Konferenzen aktualisiert und verfeinert wird. Für die *Tagesthemen* ist neben der Themenplanung auch die Sendeabwicklung im Bereich Planung angesiedelt. Zur Planung gehört das Content-Center mit der Euro- und der Social-Media-Redaktion. Die *Euro*-Kollegen bestellen Leitungen und kümmern sich um das Angebot der Eurovision, die Social-Media-Redakteure sammeln aus den verschiedenen Internetquellen vertrauenswürdige Informationen, Bilder und Videos.«

Zu Deutsch, die Redaktion bestellt Nachrichtenvideos, die teils von den eigenen Korrespondenten, teils von freien Journalisten und Nachrichtenagenturen, hauptsächlich aber von der *Eurovision* angeboten werden. Sie heißt eigentlich *Europäische Rundfunkunion* (*European Broadcasting Union*, EBU) und hat ihren Sitz in Genf. 73 Rundfunkanstalten bzw. -betriebe in Europa, Afrika und Vorderasien sind Vollmitglieder in diesem börsenähnlichen Filmaustausch-Verbund, viele weitere in aller Welt sind ihm assoziiert. Welchen dokumentarischen Wert das hier vermarktete Videomaterial hat, ist nur im Einzelfall feststellbar; wie groß das Bemühen der Entscheider um sachgerechte Urteile ist, hängt von ihrem Spielraum bzw. Auftrag ab (z. B. transatlantisch oder nicht).

18 Redakteurinnen und Redakteure arbeiten derzeit für den Internet-Auftritt *tagesschau.de.* Wie viele Besucher diese Seite täglich hat, ist umstritten. Auszugehen ist wohl von 500.000. *ARD-aktuell* behauptet jedoch wesentlich mehr – ohne Nachweis. Gleichwohl: Über ihre TV-Angebote spricht die Redaktion täglich ein vielfach größeres Publikum an, mindestens 9 Millionen Menschen im deutschsprachigen Raum.

Gemessen daran bleibt der Nutzerkreis im Internet also unterhalb der Zehn-Prozent-Linie. *tagesschau.de* hat eher den Zweck einer Alibi-Veranstaltung. Typische Rechtfertigung der Chefredaktion für in der *Tagesschau* unterschlagene Nachrichten: »*ARD-aktuell* hat das Thema xy ausführlich behandelt, Beiträge dazu erschienen auf *tagesschau.de* unter ...« (Es folgen Links zu dem Angebot im Web).

Wir haben damit eine Aussage von zehnprozentigem Wahrheitsgehalt vor uns; zu 90 Prozent stimmt sie nicht. Sie soll die faktische Manipulation rund um die Uhr verschleiern. So steht das natürlich nicht in der Selbstdarstellung:

> »*Das Nachrichten- und Informationsangebot der ARD in den Online-Medien:* die Nachrichten- und Informationsangebote aus Hörfunk und Fernsehen, aus Landesrundfunkanstalten und Gemeinschaftseinrichtungen werden hier gebündelt, multimedial aufbereitet und vernetzt.«

Genießen wir Surrealismus pur: Die ARD stellt ihr Nachrichtenangebot dar.

> »*Umfassende, seriöse Nachrichten- und Informationsvermittlung gehört zu den Kernkompetenzen der ARD:* Ob im Fernsehen oder im Hörfunk – die Informationsprogramme des öffentlich-rechtlichen Senderverbundes genießen bei Zuschauern und Hörern, aber auch in Politik, Gesellschaft und der Presse ein hohes Ansehen. Im Fernsehen gilt die *Tagesschau* seit Jahrzehnten als wesentliche Quelle für zuverlässige und aktuelle Information. In einer sich wandelnden Medienwelt, in der sich die Konsumenten auf vielfältige Weise informieren wollen, gilt es, die mit der *Tagesschau* verbundenen Qualitäten auf andere Medienplattformen zu übertragen und auch dort die Marke *Tagesschau* zu präsentieren.«

Nachfolgend eine solche »verbundene Qualität«, es handelt sich um eine Absonderung des in den USA abgerichteten *Tagesthemen*-Moderators Thomas Roth:

»Zum ersten Mal hat die NATO beschlossen, Soldaten direkt im Baltikum und in Polen und damit an den Grenzen zu Russland zu stationieren – mindestens 4.000 Mann. Gedacht ist das als Abschreckungsmaßnahme gegenüber Russland und als Reaktion auf Moskaus Verhalten in der Ukrainekrise – einschließlich der Annexion der Krim.« (Tagesthemen, 8.7.2016)

Keine *ARD-aktuell*-Kontrollinstanz, kein Chefredakteur fährt diesem Moderator in die Parade und sichert saubere Information darüber, wozu die NATO-Präsenz »gedacht« ist. Und was der historische Kontext ist. USA, NATO und EU haben den Putsch in Kiew organisiert und finanziert, die USA alleine haben zu seiner Vorbereitung laut Aussage von Victoria Nuland, seinerzeit Unterstaatssekretärin im Außenministerium, 5 Milliarden Dollar springen lassen. (vgl. freitag.de, 1.3.2014) Das neue Regime hatte u.a. die umgehende Kündigung des Pachtvertrags über die russische Marinebasis Sewastopol auf der Krim angedroht und den schnellstmöglichen Beitritt zur NATO. Wer »reagiert« hier auf was?

Zum Dessert

Der Kommunikationsforscher Rainer Mausfeld stellte im Interview mit dem Publizisten Jens Wernicke für die *NachDenkSeiten* fest: »Medien stiften Gesellschaft und schaffen und formen erst unser Bild von der gesellschaftlichen und politischen Realität.« Die Medien sind somit nicht Spiegel der Wirklichkeit, wie uns vorgegaukelt wird, sondern sie erzeugen bei ihren Nutzern Bilder einer vorgeblichen Realität. Und: »Leitmedien dienen dazu, ihren Konsumenten ganze politische Weltbilder zu verkaufen.« Mausfelds zwei Paradestücke für schlichte Propaganda bei *ARD-aktuell*:

»Die Berichterstattungen zur Ukraine oder zu Syrien sind für jeden, dessen Urteilsfähigkeit nicht vollständig blockiert ist, besonders augenfällige jüngere Beispiele für die intellektuelle Korrumpiertheit und für die Schamlosigkeit, mit der sich die Leitmedien in den Dienst transatlantischer Eliten gestellt haben.« (www.nachdenkseiten.de, 5.8.2016)

Ein Fachkundiger der übelsten Sorte erklärte einmal voller Bösartigkeit das Wesen der Propaganda:

> »Wenn man eine große Lüge erzählt und sie oft genug wiederholt, dann werden die Leute sie am Ende glauben. (...) Die Wahrheit ist der Todfeind der Lüge, und daher ist die Wahrheit der größte Feind des Staates.« (Joseph Goebbels, 1933–1945 Reichsminister für Volksaufklärung und Propaganda)

Politische Propaganda von einst und Propaganda von heute unterscheiden sich zwar in ihrer Zielsetzung und Massivität voneinander, nicht jedoch grundsätzlich. Ihr Instrumentarium ist dasselbe, nur dessen Verwendung geschieht subtiler. Heute bezweckt Propaganda hauptsächlich Akzeptanz für Hochrüstung, für die Militarisierung der Politik und deren Hegemonialstreben (»... wir müssen mehr Verantwortung in der Welt übernehmen«), sie stellt Feindbilder her (Beispiele: Russophobie, Islamophobie), sie dient zur Verkleisterung von Klassengegensätzen, zur Verschleierung postdemokratischer Strukturen unserer Gesellschaft (z.B. das gesamte Sanktionsregime in der Sozialgesetzgebung), der Verharmlosung rechtsnihilistischer Tendenzen und Vorstellungen.

Gäbe es heutzutage mit dem Internet nicht ein großes Forum für Gegenöffentlichkeit, könnte die ARD – zusammen mit dem ZDF und den diversen Privaten – ihre überragende Stellung nutzen, ihr verzerrtes Weltbild unangefochten in den Köpfen zu verankern. Wenn wir es uns gefallen ließen.

V.
Wer sich beschwert, macht nichts verkehrt

Programmbeschwerden sind das gute Recht der Zuschauer

Die in diesem Buch als Beispiele veröffentlichten Programmbeschwerden richten sich wesentlich an den *Norddeutschen Rundfunk* (NDR), weil die *Tagesschau* dort produziert wird. Der NDR arbeitet, wie alle öffentlich-rechtlichen Sender, auf der Grundlage eines Staatsvertrages, den die Bundesländer seines Sendegebietes zu diesem Zweck abgeschlossen haben. Die Staatsverträge aller öffentlich-rechtlichen Sender gleichen sich sehr.

Der erste Schlüssel für die Programmbeschwerden liegt im § 13 des Staatsvertrages, dem Eingabenrecht: »Jeder hat das Recht, sich mit Eingaben und Anregungen zur Programmgestaltung an den Rundfunkrat sowie an den Intendanten oder die Intendantin oder – bezogen auf ein Landesprogramm – an den jeweiligen Landesrundfunkrat sowie an den jeweiligen Landesfunkhausdirektor oder die jeweilige Landesfunkhausdirektorin zu wenden.« Zu welchen Inhalten die Eingabe – die gebräuchlicherweise »Programmbeschwerde« genannt wird – eingereicht werden kann, ist aus dem Staatsvertrag zu ersehen. Der sagt z.B. in seinem »§ 8 Programmgestaltung (1) Der NDR ist in seinem Programm zur Wahrheit verpflichtet«. Dieser Wahrheitsverpflichtung wird die *Tagesschau* – belegt in einer Vielzahl von Programmbeschwerden – häufig nicht gerecht.

Auch der Programmauftrag (§ 5 des Staatsvertrages) des Senders ist häufig Grundlage für Programmbeschwerden: »Der NDR hat den

Rundfunkteilnehmern und Rundfunkteilnehmerinnen einen objektiven und umfassenden Überblick über das internationale, europäische, nationale und länderbezogene Geschehen in allen wesentlichen Lebensbereichen zu geben.« Fraglos ist das Wort »objektiv« im §5 des Staatsvertrages interpretierbar. Aber die Redaktion von *ARD-aktuell (Tagesschau)* hat in ihrem politischen Teil eine durchgehende Neigung, die Verbreitung der Meinung der jeweiligen Regierung für »objektiv« zu halten. Auch was ein »Überblick« sein sollte, ist fraglich, wenn zum Beispiel Nachrichten, die bei konkurrierenden Sendern auftauchen, in der *Tagesschau* schlichtweg ausgeblendet sind.

Über die Einhaltung dieses Staatsvertrages sollte, dem §23 entsprechend, der Rundfunkrat wachen: »Der Rundfunkrat überwacht die Einhaltung der Programmanforderungen für die jeweiligen Landesprogramme.« Und zudem sollte er nach §18 des Staatsvertrages auch noch »die Interessen der Allgemeinheit« gegenüber dem öffentlich-rechtlichen Rundfunk vertreten. Dabei berücksichtigt er die Vielfalt der Meinungen der Bürger und Bürgerinnen.« Schließlich setzt er sich, scheinbar repräsentativ, aus Vertretern der Parteien, der Gewerkschaften, der Kirchen und anderer gesellschaftlichen Institutionen zusammen. Also wäre er, wenn er denn seiner im Staatsvertrag festlegten Aufgabe nachkäme, die richtige Adresse für die Beschwerden der Bürger-Gebührenzahler und *Tagesschau*-Konsumenten. Aber wie sollten zum Beispiel Vertreter jener Parteien, die schon seit längerem eine übergroße Koalition zur Verteidigung ihrer Pfründe bilden, eine Beschwerde über die kritiklose Berichterstattung der *Tagesschau* ernsthaft prüfen? Schließlich ist eine solche Kritik auch eine an deren Politik.

Trotzdem mühen sich die Autoren ab, der *Tagesschau* mittels der Programmbeschwerden ein paar Mindeststandards journalistischen Handwerks und publizistischer Ethik abzuringen. Weniger in der Hoffnung, unmittelbare Lern-Effekte bei den Akteuren zu erzielen. Mehr im Sinne einer zweiten, einer alternativen Öffentlichkeit: Ihre Programmbeschwerden stellen sie den vielen Sites, Bloggern und Plattformen im Netz zur Verfügung, die zunehmend neben dem Medien-Mainstream eine eigene Öffentlichkeit bilden.

1. Wie man Spione zu Beobachtern macht[23]

Es war im April des Jahres 2014. Seit Monaten war in der Ostukraine der ursprünglich friedliche Protest gegen den Kiewer Maidan-Putsch in eine bewaffnete Konfrontation mit dem Militär der Zentralregierung umgeschlagen. Nachdem diese gewaltsam gegen die friedlichen Proteste vorgegangen war. Plötzlich geisterte nun eine von niemandem autorisierte Gruppe westlicher Offiziere durch die Ostukraine. Unter Führung der Bundeswehr und dem Etikett einer OSZE-Mission. Diese Geistermission, nie von der OSZE-Zentrale in Wien legitimiert, wurde von den Aufständischen in der Ostukraine als Spionage-Gruppe festgenommen. Die deutschen Medien unter Führung von ARD-aktuell *übernahmen vorbehaltlos das Tarnmärchen der Bundeswehr von den »OSZE-Beobachtern«.*

Beschwerde über desinformierende Ukraine-Berichterstattung des NDR, resp. der Redaktion *ARD-aktuell*

Sehr geehrte Frau Schildt,[24]
hiermit mache ich von meinem Recht Gebrauch, wegen Art der Berichterstattung des NDR und der von ihm zu organisierenden Sendungen fürs Erste Deutsche Fernsehen, *ARD-aktuell*, über die Ereignisse in der Ukraine Beschwerde wegen Verletzung des NDR-Staatsvertrags zu erheben.

Die in der Ostukraine am 25. April festgesetzte Gruppe von Offizieren, die dort angeblich auf Basis des Wiener Dokuments der OSZE informationssuchend tätig geworden war, wurde noch vier Tage nach dem Zwischenfall in den NDR- und ARD-Nachrichten fälschlich als »OSZE-Militärbeobachter« tituliert, obwohl die OSZE sofort klargestellt hatte, dass die Männer nicht zur OSZE-Mission gehörten. Beleg: Offizielle Erklärung Claus Neukirch, Vizechef des OSZE-Krisen-

23 Einige kleine Schreibfehler und formale Stellen in den Originalen wurden korrigiert.

24 Ute Schildt, damalige Vorsitzende des NDR-Rundfunkrates und Mitglied des Landesrundfunkrates Mecklenburg-Vorpommern.

präventions-Zentrums, am 25. April, gegenüber dem ORF: »Wir haben für diesen speziellen Besuch keine Risikoeinschätzung gemacht, weil es nicht unser Besuch ist.« Und weiter, im Interview:

> »Ich muss aber auch sagen, dass es sich genau genommen nicht um Mitarbeiter der OSZE handelt (...), sondern es sind Militärbeobachter, die bilateral dort unter einem OSZE-Dokument tätig sind. (...) Bei den Gefangenen handle es sich um eine »bilaterale Mission unter Führung des Zentrums für Verifikationsaufgaben der deutschen Bundeswehr«.

Eine allereinfachste Recherche (hier: Lektüre des allgemein zugänglichen Wiener Dokuments sowie der OSZE-Charta), zu der die NDR- und die ARD-Nachrichtenredakteure lt. Staatsvertrag verpflichtet waren, hätte ergeben, dass die OSZE grundsätzlich keine verdeckten Militärinspektionen durchführt, auch nicht unter dem Wiener Dokument, das im Rahmen vertrauensbildender Maßnahmen Inspektionen in »Bezeichneten Gebieten« an regulären Truppenstandorten, bei Manövern und bezüglich Hauptwaffensystemen vorsieht. Das Dokument enthält ausführliche Bestimmungen über die Gestaltung militärischer Kontaktmaßnahmen und der Zusammenarbeit (Kap. IV), schafft Transparenz durch Bestimmungen zur vorherigen Ankündigung bestimmter militärischer Aktivitäten und deren Beobachtung (Kap. V bzw. VI), z. B. auch die förmliche Ankündigung gegenüber sämtlichen OSZE-Mitgliedern; das inspizierende Militärpersonal reist grundsätzlich in Uniform, unter Führung von Hoheits- und von Dienstgrad- sowie Truppenteil-Abzeichen und Orden und jedenfalls unbewaffnet zu den Inspektionsorten.

Im hier angesprochenen Fall war bereits am 25. April bekannt (zahlreiche Quellen im Internet), dass die Gruppe in Zivil unterwegs gewesen war, sich fälschlich als OSZE-Delegation ausgegeben hatte, bewaffnet war und sogar Sprengstoff mit sich führte (Quelle lt. SZ, 26.4.: »Regierung« in Kiew!), Aufzeichnungen über Straßensperren u. ä. gemacht hatte, was nicht vom Wiener Dokument abgedeckt ist; sie hatte sich keineswegs an definierten Inspektionsorten offiziell angekündigt und die gesamte Reise auch nicht allen OSZE-Staaten, speziell nicht der Russischen Föderation, bekannt gegeben. Sie war vielmehr heimlich in die ostukrainische Region gereist und hatte als Zweck touristisches Sightseeing-Interesse vorgegeben.

Diese Fakten waren auch den NDR-Redaktionen bekannt bzw. hätten ihnen frühzeitig bekannt sein müssen. Dennoch wurde in Berichten und Kommentaren sogar noch am 29. April der irreführende Begriff »OSZE-Militärbeobachter« verwendet, die ostukrainischen Aktivisten wurden als »Geiselnehmer« und »Entführer« kriminalisiert.

Geradezu klassisch die verfälschende Moderation am 26. April in den *Tagesthemen* (Caren Miosga): »Diese Beobachter waren unter dem Dach der OSZE, der Organisation für Sicherheit und Zusammenarbeit in Europa (...) unterwegs (...) Sie sind unabhängige Beobachter«.

Auch noch am 29. April war in der 20-Uhr-Ausgabe der *Tagesschau* gleichsetzend von »OSZE-Militärbeobachtern« die Rede (z. B. im Reporterbericht von Marion von Haaren).

2. Nazis wegmoderiert

Der Konflikt in der Ostukraine, der zunehmend zum Krieg wurde, war in Deutschland von Beginn an auch ein Kampf um die Deutungshoheit: Waren auf der einen Seite mit den Aufständischen düstere »Agenten Moskaus« zugange und auf der anderen Seite engelsgleiche Vertreter der westlichen Demokratie am Werk? Eine wesentliche Rolle in dieser Auseinandersetzung spielten ukrainische Faschisten, die nachweislich von Beginn an an der Seite des neu installierten Kiewer Regimes agierten. Die trübten das friedliche West-Bild dann doch sehr. Nach der Kiewer Lesart gab es sie nicht. Dieser Ausblendung von Wahrheit folgte die ARD ziemlich konsequent.

Sehr verehrte Frau Vorsitzende,
gestern las ich in den ARD-Textnachrichten (13.8.2014, 111, 22:07 Uhr), dass in der Ostukraine »12 regierungstreue Kämpfer« in einen Hinterhalt geraten und von Separatisten getötet worden seien.

Im *Handelsblatt* war man da genauer und berichtete, dass es sich bei den Getöteten um »Neonazis« gehandelt habe.

Diese unterschiedliche Sprachregelung legt die Vermutung nahe, dass der »öffentlich-rechtliche Rundfunk« vertuschen möchte, dass der West-Vorzeige-Demokrat Poroschenko – mit schweigender Billigung durch die Bundesregierung – Nazi-Truppen an der »Befreiung der Ostukraine« teilnehmen lässt.

Wie ist das vereinbar mit den offiziellen Bekundungen, die Deutschen hätten aus der Geschichte gelernt und stünden entschlossen gegen alles Rechtsradikale? Lippenbekenntnisse? Auch beim NDR?

Wie sehen Sie als Rundfunkratsvorsitzende und Mitverantwortliche für das Programm die verharmlosende Formulierung »regierungstreue Kämpfer«? Ein Verstoß gegen die NDR-Programmrichtlinien? Haben Sie eine Erklärung dafür, warum das *Handelsblatt* in seiner Berichterstattung offensichtlich eher öffentlich-rechtlichen Standards entspricht als der öffentlich-rechtliche Rundfunk selbst? Für eine Antwort wäre ich Ihnen dankbar.

3. Sechzig Prominente unterschlagen

Es war gegen Ende des Jahres 2014. Der Ukrainekonflikt spitzte sich zunehmend zu einer neuen Ost-West-Konfrontation zu. Die Ängste der Bevölkerung vor einem Krieg wurden in den Massenmedien kaum abgebildet. Jetzt probten die Macher der Tagesschau *und anderer Medien mit einer einseitigen Schuldzuweisung an die »die Russen« den Rückfall in den neuen Kalten Krieg. Rund 60 Prominente versuchten diese Sorgen mit einem Appell an die Bundesregierung zu artikulieren. Die Namen der Unterzeichner boten, dank ihrer Prominenz, Nachrichtenstoff für mehrere Sendungen. Doch die Massenmedien verschwiegen diesen Appell. Nahezu alle. Ganz sicher aber auch die öffentlich-rechtlichen Sender, die zu einem »objektiven und umfassenden Überblick« verpflichtet gewesen wären.*

Beschwerde wegen Verstoßes gegen §§ 5, 7 und 8 NDR-Staatsvertrag, resp. §§ 5 und 6 ZDF-Staatsvertrag

Hier: Nachrichtenunterdrückung am 5./6.12.2014 betr. Prominenten-Appell »Wieder Krieg in Europa? Nicht in unserem Namen!«

Sehr geehrte Frau Schildt,
wir erheben hiermit Beschwerde über die Nachrichtengestaltung der Redaktionen von *Tagesschau* und *Tagesthemen* sowie der Redaktionen von *heute* und *heute journal* wegen Verstoßes gegen wesentliche Bestimmungen des NDR-Staatsvertrages resp. des ZDF-Staatsvertrages – begangen mittels unterlassener Berichterstattung. Wir sehen in dem im Betreff genannten Vorgang einen schwerwiegenden Fall von Nachrichtenunterdrückung.

Am 5. Dezember richteten in der Wochenzeitung *Die Zeit* 60 herausragende Mitbürger aus Wissenschaft, Kultur, Politik und Wirtschaft einen Friedensappell an Bundeskanzlerin Merkel, an die Mitglieder der Bundesregierung, des Bundestages und an weitere Entscheidungsträger in Politik und Medien: »Wieder Krieg in Europa? Nicht in unserem Namen!«

Zu den Erstunterzeichnern dieses Appells gehören ein ehemaliger Bundespräsident, ehemalige Bundestags-VizepräsidentInnen, ein Ex-Bundeskanzler, Minister, Staatssekretäre, Abgeordnete und viele über die Grenzen unseres Landes hinaus bekannte Kulturschaffende, Wissenschaftler und andere Persönlichkeiten des öffentlichen Lebens. Trotz des Gewichts, das der Appell und seine Initiatoren fraglos haben – eine wortgleiche Petition wurde übrigens mittlerweile von vielen tausend Mitbürgern unterzeichnet und erfährt weiter großen Zuspruch – berichteten die wichtigsten TV-Nachrichtensendungen der öffentlich-rechtlichen Rundfunkanstalten mit keinem Wort über diesen Friedensaufruf.

ARD und ZDF bestätigten mit dieser manipulativen Nachrichtengestaltung einmal mehr ihre Parteilichkeit, regierungshörigen Konformismus und Mangel an journalistischer Unabhängigkeit. Offenbar sollte der Appell, die Kanzlerin möge den gegenwärtigen, Kriegsgefahr heraufbeschwörenden Kurs verlassen und zu einer neuen Entspannungspolitik finden, der bundesweiten Öffentlichkeit vorenthalten werden.

Wir betrachten diese hermetische Informationspolitik der Redaktionen als Nachrichtenunterdrückung und als einen schwerwiegenden Verstoß gegen folgende staatsvertragliche Bestimmungen:

Seitens des NDR (für die ARD)
§ 5 Programmauftrag
(1) Der NDR hat (...) einen objektiven und umfassenden Überblick über das (...) Geschehen in allen wesentlichen Lebensbereichen zu geben. Sein Programm hat der Information (...) zu dienen.

§ 7 Programmgrundsätze
(...) Das Programm des NDR soll (...) die internationale Verständigung fördern, für die Friedenssicherung (...) eintreten (...)

§ 8 Programmgestaltung
(1) Der NDR ist (...) zur Wahrheit verpflichtet. (...) Ziel aller Informationssendungen ist es, sachlich und umfassend zu unterrichten und damit zur selbständigen Urteilsbildung der Bürger und Bürgerinnen beizutragen.
(2) Berichterstattung und Informationssendungen (...) müssen unabhängig und sachlich sein. (...)

Seitens des ZDF
§ 5 Gestaltung der Sendungen
(1) In den Sendungen des ZDF soll den Fernsehteilnehmern (...) ein objektiver Überblick über das Weltgeschehen, insbesondere ein umfassendes Bild der deutschen Wirklichkeit vermittelt werden. Die Sendungen sollen eine freie individuelle und öffentliche Meinungsbildung fördern.
(2) Das Geschehen in den einzelnen Ländern und die kulturelle Vielfalt Deutschlands sind angemessen im Programm darzustellen.
(3) Das ZDF hat in seinen Sendungen (...) der Verständigung unter den Völkern (zu) dienen und auf ein diskriminierungsfreies Miteinander hin(zu)wirken.

§ 6 Berichterstattung
(1) Die Berichterstattung soll umfassend (...) und sachlich sein.

Wir halten unsere Feststellung für selbsterklärend, dass mit der Unterlassung, über den Appell in den angesprochenen Nachrichtensendungen zu informieren, gravierend gegen die zitierten gesetzlichen Bestimmungen verstoßen wurde und fordern daher Sie und Ihre Gremien zu kritischer Prüfung und Korrektur auf.

4. Das Schweigen über eine Anti-Nazi-Resolution der UNO

Da hatte im November 2014 die UNO-Vollversammlung mit Mehrheit – allerdings gegen die Stimmen der USA und der Ukraine – eine Anti-Nazi-Resolution angenommen. In der Resolution äußerten die Mitglieder der UN-Vollversammlung ihre »tiefe Besorgnis über beliebige Formen der Glorifizierung der Nazi-Bewegung, des Neonazismus und der ehemaligen Mitglieder der Organisation Waffen-SS, unter anderem durch die Errichtung von Denkmälern und öffentliche Demonstrationen«. Das bezog sich auf die Ukraine und stimmte alles. Aber Deutschland enthielt sich der Stimme. Ausgerechnet. Und brav folgte die ARD-aktuell*-Redaktion dem Wink aus dem Außenministerium: Man sendete weder die Nachricht, noch gab es eine Nachfrage zum Thema im Kanzleramt. Das lag voll auf der Linie eines ARD-Nichtwissenwollens der Nazi-Auffälligkeiten rund um die Partner Deutschlands in Kiew. Mit der Linie des NDR-Staatsvertrags hatte dieses Schweigen allerdings nichts zu tun.*

Beschwerde wegen Verstoßes gegen §§5, (7), 8 des NDR-Staatsvertrags
Hier: Nachrichtenunterdrückung seitens der *ARD-aktuell*-Redaktion am 21./22.11.2014 betr. die UN-Resolution gegen Nazi-Verherrlichung

Sehr geehrte Frau Schildt, sehr geehrter Herr Marmor[25],
erneut besteht Grund zu einer formellen Beschwerde über die Nachrichtengestaltung der Redaktionen von *Tagesschau* und *Tagesthemen* wegen Verstoßes gegen wesentliche Bestimmungen des NDR-Staatsvertrages – diesmal nicht wegen Falschberichterstattung, sondern wegen unterlassener Berichterstattung, wegen eines Falles von Nachrichtenunterdrückung also.

25 Intendant des NDR.

Der Vorgang
Der 3. Ausschuss der UN-Vollversammlung hatte am 21.11.2014 auf Russlands Initiative hin eine Resolution über den Kampf gegen die Nazi-Heroisierung angenommen:

> »Combating glorification of Nazism, neo-Nazism and other practices that contribute to fuelling contemporary forms of racism, racial discrimination, xenophobia and related intolerance.« (www.un.org)

Wir erkennen in dieser absichtlichen Unterlassung einen schwerwiegenden Fall von Nachrichtenunterdrückung. Der Verstoß gegen den Programmauftrag und Programmgrundsätze erscheint evident. Dennoch sei dazu im Detail und ergänzend argumentiert:

Der Informationswert der Nachricht über die Resolution, das Abstimmungsergebnis und das Abstimmungsverhalten der USA und Deutschlands ist unstreitig. Der Erkenntniswert der Nachricht war beispielhaft geeignet, zur »selbständigen Meinungsbildung« beizutragen. Er besteht u. a. darin:

1. Die USA und die Ukraine billigen mit der Ablehnung der Resolution die Rolle des naziverherrlichenden Einflusses in der Ukraine (z. B. ein Neonazi als Polizeipräsident in Kiew, Ehrerbietung gegenüber dem Hitler-Verbündeten Bandera und dessen Verklärung als Nationalheld, Beteiligung des faschistoiden Spektrums an der Regierung). Die Haltung beider Staaten bestätigt im Umkehrschluss, dass der gerade von deutschen Medien und Politikern bestrittene Vorwurf des erheblichen Neonazi-Einflusses in der Kiew-Regierung Realität ist.
2. Die Stimmenthaltung der deutschen Regierung zeigt, dass deren vorgebliche Bekämpfung von Antisemitismus, Faschismus und Nazi-Verherrlichung in Deutschland nicht mehr als eine Chimäre ist. Das Fundament deutscher Vergangenheitsbewältigung ist entgegen allen öffentlichen Beteuerungen offensichtlich nicht mehr tragfähig, sofern es das je war.
3. Da zwei Drittel der Staaten der Weltgemeinschaft für den Antrag Russlands gestimmt haben, ist ersichtlich, dass Russland entgegen allen westlichen Falschberichten – auch denen von *ARD-aktuell* – keineswegs in der Weltgemeinschaft isoliert ist.

5. Gemäßigter Terror in Syrien

Schon lange war in Syrien die Opposition gegen die Regierung Assad von islamistischen Kräften übernommen worden, da hielt die ARD immer noch an ihrer Sprachreglung von den »gemäßigten Rebellen« fest. So wurden denn Terroristen zu demokratischen Oppositionellen umgedeutet, und die völkerrechtskonform in Syrien agierenden russischen Streitkräfte mutierten bei ARD-aktuell *zum Feind der »Gemäßigten«.*

Programmbeschwerde wegen
Syrien-Berichterstattung/Sprachmutation
tagesschau.de, verschiedene Berichte 30.9./1.10.2015

Sehr geehrter Herr Marmor,
der Sender N24 und viele andere Medien meldeten am 21. September mit Verweis auf die »Syrische Beobachtungsstelle für Menschenrechte«:

> »Die Dschihadistenmiliz Islamischer Staat (IS) hat in Syrien neun Männer und einen Jungen hingerichtet, denen sie Homosexualität vorwarf. Sieben Männer seien in Rastan in der Provinz Homs im Zentrum des Landes erschossen worden.«

Und was berichtete neun Tage später *ARD-aktuell*, nachdem die russischen Bomber ihre erste Angriffswelle geflogen hatten?

> »Die Angriffe fanden den russischen Angaben zufolge in den zentralen Provinzen Hama und Homs statt. Die dort bombardierten Gebiete werden überwiegend nicht vom IS, sondern von der mit dem Terrornetzwerk Al-Kaida verbundenen Al-Nusra-Front und anderen islamistischen Gruppen kontrolliert.«

Aus nicht ersichtlichen Gründen waren die IS-Terroristen auf einmal unsichtbar geworden und medial zum Terrornetzwerk Al-Kaida und zur Al-Nusra-Front mutiert (Tagesschau, 30.9.2015, 20.00 Uhr). Dann, noch ein paar Stunden später, änderte sich die Sprachregelung erneut. Unter der Führung unserer tapferen, kampferprobten Barrikadenbraut und Preisträgerin Golineh Atai in Moskau (tagesschau24, 10:00 Uhr, 1.10.2015) war ab sofort nur noch von »gemäßigten Rebellen« die Rede, egal ob nun Al-Kaida, Al-Nusra-Front, die al-Islam-

Army oder andere islamistische Mörderbanden. Offensichtlich nach dem bereits in der Ukraine-Kriegsberichterstattung zutage getretenen Schema: Hauptsache, es richtet sich gegen die Russen.

Die »gemäßigten Rebellen«, also die guten Terroristen, tragen nun den Heiligenschein ihrer USA-Saudi-Arabien-Unterstützer und letztlich auch das Wohlwollen unserer wie immer folgsamen *ARD-aktuell*. Die hält fügsam Schulterschluss mit den unermüdlich kriegstreibenden US-Propaganda-Brigaden.

Finden Sie nicht auch, dass das alles nach journalistischer Unterstützung von Terroristen stinkt? Und dass der Gestank durchaus nicht nur levantinische, sondern auch transatlantische Verursacher hat?

6. Schweigen ist Geld

Gern wird in der Diskussion über die Qualität des ARD-Journalismus außer Acht gelassen, dass ein Job bei der Anstalt ein gutes Gehalt und einen sicheren Arbeitsplatz bedeutet. Und wer mag das schon gefährden. Da bleibt dann die Frage, wie man mit bestimmten Informationen umgeht. So zum Beispiel mit einer Studie über das Massaker vom Februar 2014 auf dem Kiewer Maidan. Das Massaker galt wie den meisten deutschen Medien so auch der ARD als Rechtfertigung für den folgenden Putsch. Was also tun, wenn nun eine ernst zu nehmende Studie auftaucht, die das Massaker als von der prowestlichen »Opposition« inszeniert belegt und nicht der Lesart folgt, es sei vom weggeputschten Präsidenten Janukowitsch zu verantworten? Man schweigt die Studie einfach weg.

ARD-aktuell, Dezember 2015

Sehr geehrter Herr Marmor,
während selbst in konservativen russophoben Blättern der Republik, z.B. in Springers *Welt*, zumindest schwache Versuche unternommen werden, die lange Zeit verfälschte und antirussische Berichterstattung über die Ukraine, den Maidan, den Putsch und seine politischen Folgen zu relativieren, übt sich *ARD-aktuell* fortgesetzt in Zurückhaltung

und verzichtet auf die längst fällige berichtigende und aufklärerische Information. Im Vorjahr legte die Universität Ottawa eine international beachtete Studie vor, in der das Massaker auf dem Kiewer Maidan, Auslöser des Putsches gegen Präsident Janukowitsch, als zentraler Teil einer False-Flag-Ops erkannt und aufgedeckt wurde. Die Angaben und Daten sind wissenschaftlich untermauert, die vorgelegten Beweise sind nicht interpretierbar und erdrückend. Im Internet wurde jetzt breit berichtet, Beispiele hier:

- http://deutsche-wirtschafts-nachrichten.de/2016/01/02/studie-vom-westen-unterstuetzte-opposition-hat-maidan-massaker-veruebt
- www.academia.edu/8776021/The_Snipers_Massacre_on_the_Maidan_in_Ukraine
- www.siper.ch/de/geschichte/historische-dokumente
- http://rogerannis.com/the-snipers-massacre-on-the-maidan-in-ukraine
- https://jasminrevolution.wordpress.com/2015/02/23/die-maidan-massen-mord-studie
- www.stelling.nl/divers/Maidan_2014.pdf
- http://fact.international/2015/10/the-snipers-massacre-on-the-maidan-in-ukraine-2
- http://papers.ssrn.com/sol3/papers.cfm?abstract_id=2658245

Eine umfassende Information darüber in *Tagesschau* und *Tagesthemen* wäre zwingend gewesen, insbesondere auch als Jahresabschluss-Korrektur für die Fascho-Milizen-Verharmloser vom Schlage Atai, Großheim oder Dr. Gniffke. Dass geschwiegen wurde, werten wir als Verstoß gegen Programmauftrag und Programmrichtlinien der Rundfunkstaatsverträge.

Wir erheben Beschwerde.

7. Hinten in der Türkei blickt keiner durch

Auch wenn die Türkei in den letzten Jahren in den Blickpunkt der Öffentlichkeit geraten ist, darf man nicht voraussetzen, dass Kenntnisse über dieses Land weit verbreitet sind. Gerade deshalb sollten Nachrichten über die türkische Republik besonders präzise sein. Das gilt erst Recht für den seit Beginn der modernen Türkei anhaltenden Konflikt der türkischen Staatsmacht mit den Kurden. Eine »Nachricht« wie jene der Tagesschau, die mit dem Begriff der

»verbotenen PKK« (der Interessenvertretung vieler Kurden) beginnt, färbt diese Nachricht schon vorab parteiisch ein. Wenn sie sich zudem nur auf die staatlichen Sicherheitskräfte als Quelle beruft, ist sie schlicht unseriös.

Programmbeschwerde:
Tagesschau, 25.12.2015, 16:00 Uhr, und tagesschau.de

Sehr geehrter Herr Marmor,
die *Tagesschau* behauptete in der Sendung vom 25.12.2015, 16:00 Uhr, es habe Kämpfe zwischen der »verbotenen« PKK und der türkischen Armee gegeben, bei denen 6 PKK-Kämpfer und einige Soldaten getötet worden seien. In *tagesschau.de* hieß es 18 Minuten zuvor, um 15:42 Uhr:

> »Bei einer neuen Offensive türkischer Streitkräfte im Südosten des Landes sollen mindestens 205 Kämpfer der Kurdischen Arbeiterpartei PKK getötet worden sein. Das berichtete die türkische Nachrichtenagentur Dogan unter Berufung auf Sicherheitskräfte. Cizre sei am schwersten von den Kampfhandlungen betroffen. Auch aus Diyarbakir wurden Opfer gemeldet. Die Nachrichtenagentur Reuters spricht von 168 toten PKK-Kämpfern. Sie beruft sich dabei auf staatliche Medien.«

Diese Informationen sind erlogen, denn tatsächlich operieren die Guerilleros der PKK bislang gar nicht in den Städten der Türkei. Die Führung der Kurdischen Arbeiterpartei hat immer wieder betont, dass ihr militärischer Arm, die Volksverteidigungskräfte HPG, bislang in die Kämpfe in den seit Wochen belagerten Städten gar nicht eingegriffen hat. Richtig ist vielmehr, dass mörderische Erfüllungsgehilfen des Erdogan-Regimes entgegen den Behauptungen der *Tagesschau* in einer Strafexpedition gegen »kurdische Jugendliche, die ohne Chance auf eine Arbeit sind und ohne Perspektive« vorgehen, wie es die *Frankfurter Allgemeine Zeitung* formulierte.[26]

Es ist ein verzweifelter Jugendaufstand, angefacht durch die beständigen Provokationen der Staatsmacht, der mit brutalsten Mitteln von dem türkischen Militär in Blut erstickt werden soll. So setzen die

---

26 Rainer Hermann: Aufstand der Chancenlosen, www.faz.net, 26.12.2015.

Sicherheitskräfte, wenn sie in die Städte vordringen, als Vorhut die als besonders brutal geltenden »Esedullah Timleri« ein, über denen ein Schatten des Geheimnisvollen liegt. Sie dringen in die Häuser ein, zerstören, töten, berichtete die *FAZ*.

Und abermals schweigen die Verbündeten in der »westlichen Wertegemeinschaft« des geschätzten »NATO-Partners« Türkei zu diesem sich entfaltenden staatlichen Massenmord, dem in kürzester Zeit Hunderte von Menschen zum Opfer fielen. Während deutsche Regierungspolitiker und die ihnen verbundenen Massenmedien (incl. ARD und ZDF) noch vor gut zwei Jahren jeden von ukrainischen Sicherheitskräften zusammengeschlagenen Neonazi hysterisch skandalisierten, als die prowestliche »Opposition« in Kiew einen veritablen Regierungssturz organisierte (»Ukraine über Alles!«), herrscht nun in Berlin absolute Funkstille, so *Telepolis*[27] in einem Beitrag von Anfang Januar 2016.

Die Beiträge verstoßen wegen der erlogenen Behauptungen gegen die NDR-Programm-Richtlinien. Außerdem stellt sich die Frage, warum die *FAZ* zu besserer Recherche fähig ist, als das »Flaggschiff« *ARD-aktuell*.

8. Wer aus trüben Quellen trinkt, dem ist der Sinn getrübt

Die Quellenlage ist für Nachrichtensendungen das A und O eines sauberen Journalismus. Im syrischen Krieg stützt sich die ARD häufig auf die »Syrische Beobachtungsstelle für Menschenrechte«. Völlig unabhängig von deren Qualität: Sie begreift sich als Teil der syrischen Opposition, und die ARD selbst qualifiziert sie so: »Die Informationen der Beobachtungsstelle lassen sich nicht unabhängig überprüfen.« Eine unabhängige Berichterstattung müsste, wenn sie auf Nachrichten dieser Stelle nicht verzichten will, Gegenrecherchen zum Beispiel bei der syrischen Regierung aufnehmen. Wer das nicht macht, ist schlicht einseitig, ist Partei in einem Krieg.

---

27 Tomasz Konicz: Der Krieg der Türkei und Europas Schweigen, www.heise.de, 1.1.2016.

Eingabe: »Syrische Beobachtungsstelle für Menschenrechte« Dauerquelle für *ARD-aktuell,* Tagesschau, 17.1.2016, 20 Uhr

Sehr geehrter Herr Marmor,
viele Male haben wir vergeblich dagegen argumentiert, dass sich die Redaktion *ARD-aktuell* auf die »Syrische Beobachtungsstelle für Menschenrechte« stützt, oftmals sogar dann, wenn diese die einzige Informationsquelle ist.

Neuerdings, so auch in der o.g. Sendung am 17. Januar 2016, relativiert die Redaktion zwar solche Meldungen mit Floskeln wie »Diese Berichte ließen sich bislang nicht von unabhängiger Seite bestätigen«, doch bewirken derartige Suffixe beim Zuschauer nicht, was sie vorgeblich sollen. Sie wecken keine gravierenden Zweifel an der Richtigkeit der übermittelten Information, sondern geben der *ARD-aktuell* nur den dünnen Firnis des Bemühens um Objektivität und neutrale Distanz. Diesen Wirkmechanismus kann Ihnen jeder Kommunikationswissenschaftler darlegen. Wir gehen davon aus, dass er auch der Redaktion *ARD-aktuell* bekannt ist und sie genau weiß, dass sie mit solchen Floskeln ihrer propagandistischen Arbeit nur einen Tarnanstrich verleiht.

Informationsendungen müssen nach § 8 des NDR-Staatsvertrages »unabhängig und sachlich sein. Nachrichten sind vor ihrer Verbreitung mit der nach den Umständen gebotenen Sorgfalt auf Wahrheit und Herkunft zu prüfen.« Wie das bei der obskuren syrischen Beobachtungsstelle möglich sein soll, bleibt ein Geheimnis von *ARD-aktuell.*

Hier gilt wohl die Erkenntnis von Noam Chomsky: »Außenpolitisch dienen die Massenmedien der Politik als Propagandainstrument, um deren Feinderklärungen regelmäßig abzusegnen. Innenpolitisch sind sie das Mittel zur Herstellung von Konsens …«.

Wir erheben deshalb Programmbeschwerde gegen die regelmäßige Berufung auf eine so vollkommen unqualifizierte Nachrichtenquelle seitens der Redaktion *ARD-aktuell.*

Die »Syrische Beobachtungsstelle für Menschenrechte« gibt es in London gar nicht mehr, sie hat ihren Sitz in Coventry. Ihr Chef und einziger Beschäftigter ist der Brite Osama Suleiman. Er ist ein dreimal vorbestrafter Dunkelmann, der im Jahr 2000 aus Syrien nach England übersiedelte, sich den Namen Rami Abdurrahman gab und als »Direktor« der »Beobachtungsstelle« firmiert. Der *Süddeutschen Zeitung* zufolge betreibt er mit seiner Frau einen Kleiderladen und wurde von einer Gruppe, in der er in London für diese ominöse Beobachtungsstelle tätig war, schließlich rausgeworfen; deren Internet-Domain habe Suleiman »geklaut«; 2012 hat sich diese Gruppe aufgelöst. Suleiman wird mutmaßlich von US-amerikanischen, evtl. auch britischen Geheimdiensten geschmiert. Er behauptet, zuverlässige Informanten in den syrischen Bürgerkriegsgebieten zu haben, die ihn telefonisch über dortige Ereignisse unterrichten. Die meisten seiner Hinweise und Behauptungen haben sich jedoch entweder als falsch oder als übertrieben oder als allenfalls bedingt zutreffend erwiesen. Es ist fachlich nicht erklärbar, weshalb *ARD-aktuell* sich permanent auf eine solche Quelle beruft – wenn man nicht unterstellt, dass die Redaktion freiwillig und bewusst nach einer propagandistischen Matrix arbeitet.

Was von Mister Suleiman zu halten ist, haben wir mehrmals vorgetragen: Nichts. In dem Blog *Spiegelkabinett* ist es nochmals aus anderem Blickwinkel nachlesbar.[28]

Eine Nachricht, deren Wahrheitsgehalt sich nicht überprüfen und die sich nicht anderweitig bestätigen lässt, ist keine Nachricht.

9. Die halbe Wahrheit ist die ganze Lüge

Ausgerechnet während der Friedensgespräche über Syrien im Februar 2016 in Genf bringt die ARD einen Bericht darüber, wie grausam die syrische Staatsführung sei. Schon konnte sich der Zuschauer fragen, ob man denn mit solchen Leuten überhaupt sprechen sollte. Zu diesem pünktlichen Bericht gehört eine andere Seite: jene über die Grausamkeiten der Regierungsgegner. Dieser zweite Teil entschuldigt keine Tat auf Seiten der Regierung. Er könnte aber deutlich

28 Wie aus einer Meldung Wahrheit wird: Meinungsmache am Beispiel Syriens, http://spiegelkabinett-blog.blogspot.de, 15.1.2016; vgl. auch Igor Konashenkov: Russian Defense Ministry Learns Who Is Behind Syrian Observatory For Human Rights, www.informationclearinghouse.info, 17.1.2017.

machen, dass deren Gegner keineswegs besser sind. Wer die andere Hälfte der Nachricht unterschlägt, wie die Tagesschau, der hilft, mit der halben Wahrheit eine ganze Lüge zu verbreiten: Schuld trüge nur das Assad-Regime. Das kann die Verhandlungen in Genf torpedieren. So macht man Politik, nicht Berichterstattung.

Programmbeschwerde: *ARD-aktuell*-Tendenzberichterstattung über den OHCR-Bericht, Tagesschau, 8.2.2016, 20 Uhr

Sehr geehrte Frau Vorsitzende,
ein weiterer Fall von Halbinformation (und damit ein Fall von Desinformation) seitens der Redaktion *ARD-aktuell* ist zu beklagen. In diesem o.g. 30 Sekunden langen Filmbericht werden der syrischen Staatsführung genozidaler Massenmord und Massenfolter vorgeworfen, zitiert wird das aus der Pressekonferenz des Hohen UN-Kommissars für Menschenrechte (OHCR).

Was die *Tageschau* allerdings unterschlägt, ist der zweite Berichtsteil des OHCR, in dem allen Terrororganisationen in Syrien, von IS und Jabat al-Nusra bis sogar zur »Freien Syrischen Armee« (FSA) die gleichen schweren Vorwürfe gemacht werden: Geheimgefängnisse, Folter, Mord, Massaker in ungezählten Fällen. Diesen Teil des Berichts – gut nachzulesen in einem Beitrag von Thomas Pany[29] – unterschlägt *ARD-aktuell* komplett, darüber berichtet die *Tagesschau* kein Wort. Ihr gelten, wie wir mittlerweile von Dr. Gniffke und Volker Schwenck wissen, ja einige der Terrororganisationen nur als »bewaffnete Opposition«. Es sind die »gemäßigten Rebellen«, und mit der FSA (»Freie Syrische Armee«) sogar der Heils- und Demokratiebringer für Syrien schlechthin, denen die OHCR den gleichen verbrecherischen Charakter nachsagt, wie der »Westen« ihn der staatlichen syrischen Seite vorwirft.

Irren wir uns? Gut, wir nehmen also an, dass wegen der Fülle anderer wichtiger Themen an diesem 8.2.2016 es der Redaktion *ARD-aktuell* nicht möglich war, die zusätzlichen Ausführungen des

29 Thomas Pany: Syrien – Folter, Verantwortung und Vereinfachung, unter: Telepolis / heise online, 10.2.2016.

OHCR-Berichtes über Syrien dem Publikum nahezubringen. Sicher wird Chefredakteur Dr. Gniffke wieder Belege dafür bringen, dass vor undenklicher Zeit die *Tagesschau* sehr wohl einmal einen kritischen Bericht über die FSA und andere »Rebellen« in Syrien gebracht hat.

Wir halten also fest, dass die hier angesprochene Sendung eine absolut einseitige Darstellung des OHCR-Berichts veröffentlichte und mit dieser Nachrichtenmanipulation gegen den Auftrag gem. Staatsvertrag sowie gegen alle journalistischen Anstandsregeln verstieß.

Wir fordern den Rundfunkrat zur kritischen Prüfung des Falles auf.

10. Wenn der Vatikan nicht gut genug ist

Allgemein gilt der Vatikan als ziemlich seriöse Quelle. Wenn er der Tagesschau *nicht der Erwähnung wert ist, dann darf man sicher sein, dass Krieg in Rede steht. Spätestens mit dem aktuellen Papst sind die katholische Zentrale und ihr Radio ein kritischer Begleiter aller Kriege. Das macht Nachrichten aus dieser Quelle über den syrischen Krieg, vor allem wenn sie vor Ort präsent ist, besonders wertvoll. Der* Tagesschau *passen solche Quellen offensichtlich nicht ins Sendeschema.*

Programmbeschwerde: *ARD-aktuell*-Nachrichtenunterdrückung/ Lage in Aleppo / Vatikan, 13.2.2016

Sehr geehrte Frau Vorsitzende,
Dr. Gniffkes Standard-Rechtfertigung für tendenziöse, gegen die Regierung Assad und gegen Russland gerichtete Berichterstattung über den Krieg in Syrien – fälschlich: »Bürgerkrieg«, denn der Terror ist von außen ins Land getragen und wird nach wie vor von der Türkei, Israel, Saudi-Arabien und den USA mit Geld, Waffen und Söldnern unterstützt, indirekt auch von der BRD –, diese Standard-Schutzbehauptung lautet: Es gibt keine unabhängige und verlässliche Quelle in diesem Kriegsgebiet, und über eigene Korrespondenten verfügt *ARD-aktuell* dort nicht. Die Redaktion, so behauptet ihr Chef, wähle ihre Informationen mit größter Sorgfalt und mit aller gebotenen Vor-

sicht aus und hebe immer hervor, die Angaben ließen sich nicht unabhängig überprüfen.

Dr. Gniffke lehnt eben expressis verbis ab, gegenläufige Informationen von russischen Quellen wie *RT Deutsch* oder *Sputniknews* in der Nachrichtengebung von *Tagesschau* und *Tagesthemen* berücksichtigen zu lassen. Begründung: Staatssender. Die qualifiziert Dr. Gniffke damit als per se unglaubwürdig.

Am 13. Februar 2016 bot sich als fraglos glaubwürdige Quelle für informative Lagebeschreibung aus dem umkämpften Aleppo der lateinische Bischof Georges Abou Khazen, OFM[30], an:

> »Der Apostolische Vikar schrieb über die seinerzeit verhandelte mögliche Feuerpause im syrischen Konflikt und die damit verbundenen Hoffnungen unter der Bevölkerung. ›Für uns wäre dies ein Traum. Leider wissen wir nicht, was die dschihadistischen Gruppen tun. Wir wissen, dass es sich größtenteils um ausländische Kämpfer handelt: wer hat das Kommando über sie? Wem gehorchen sie? Werden sie sich der Feuerpause anschließen?‹.
>
> Der Apostolische Vikar von Aleppo erläutert abschließend die aktuelle Lage: ›Die syrische Arme ist mit Unterstützung der Russen auf dem Vormarsch und in den befreiten Teilen der Stadt gibt es wieder Wasser und Strom. Die Schulen werden wieder geöffnet. An vielen Orten finden Initiativen der Aussöhnung mit den Syrern statt, die sich den Rebellen angeschlossen hatten. Die kämpfenden Gruppen werden aus dem Ausland kontrolliert und diese leisten weiterhin Widerstand. Unter der Bevölkerung überwiegt unterdessen die Zustimmung zum Vorgehen Russlands.‹«[31]

Wir fordern den Rundfunkrat auf, eine weitere Verletzung der staatsvertraglichen Verpflichtung zu unabhängiger und vollständiger Nachrichtengestaltung in *Tagesschau* und *Tagesthemen* festzustellen.

---

30 OFM; lateinisch »ordo fratrum minorum«, deutsch »Orden der Minderen Brüder, Franziskanerorden«.

31 Vgl. u.a. »Syrischer Bischof: Christen begrüßen Treffen Papst-Kyrill«, http://de.radiovaticana.va, 13.2.2016; »Asien/Syrien: Bischof von Aleppo begrüßt Treffen zwischen Franziskus und Kyrill im Zeichen der gemeinsame Sorge um Christen im Nahen Osten«, www.fides.org, 12.2.2016.

11. Wie man kein Interview führt

Man muss sich folgende Frage der ARD an Frau Merkel vorstellen: »Können Sie sagen, dass Deutschland nach wie vor ein souveräner Staat ist, oder wird Ihre Politik bereits in Washington gemacht?« Jeder weiß, dass solch eine Unterstellungsfrage von der Bundeskanzlerin nicht beantwortet werden würde, der betreffende Journalist hinauskomplimentiert würde und die Tagesschau *einen scharfen Rüffel aus dem Kanzleramt bekäme. Dieselbe Frage dem syrischen Präsidenten gestellt, gilt der ARD offenkundig als Journalismus. Die mangelnde Neugier und die vorgefasste Meinung, die aus dieser Frage sprechen, reichen der* Tagesschau *noch nicht. Der Interviewer muss ein solches Interview, wenn es mit dem syrischen Präsidenten geführt wurde, in einem Zusatzbeitrag kommentieren.*

Assad-Interview: Falschbehauptungen in der *Tagesschau* vom 1.3.2016, 14:00 Uhr und 20:00 Uhr

Sehr geehrte Frau Vorsitzende,
die ARD hat in einem ausführlichen Interview dem syrischen Präsidenten Baschar al-Assad die Gelegenheit gegeben, sich zur Lage in seinem Land zu äußern. Bemerkenswert, dass die ARD in dem Interview zu feige war, Assad als »Machthaber« anzusprechen, obwohl Herr Dr. Gniffke uns – die wir in einer Programmbeschwerde für die Bezeichnung »Präsident« eintraten – noch kürzlich davon zu überzeugen versuchte, dass der Begriff »Machthaber« korrekt sei, u. a. weil eine regierungsnahe Stiftung und konformistischer Thinktank sich ebenfalls auf »Machthaber« festgelegt hatte.

Frage des Interviewers Thomas Aders:

> »Herr Präsident, können Sie sagen, dass Syrien nach wie vor ein souveräner Staat ist, oder wird Ihre Politik bereits in Teheran bzw. im Kreml gemacht?«

Antwort Präsident Assad (lt. Übersetzungstext):

> »Der Begriff Souveränität ist relativ und verhältnismäßig. Vor der Krise hielt Israel unser Land besetzt, und wir betrachteten unsere Souveränität so lange nicht als vollständig, wie wir unser Land nicht

> zurückhatten. Und jetzt überschreiten während der Krise zahlreiche Terroristen unsere Grenze, und viele Flugzeuge der Amerikaner und ihrer Alliierten (was man dort als Allianz bezeichnet) verletzen unseren Luftraum. Auch hier kann man nicht von vollständiger Souveränität sprechen. Gleichzeitig ist man allerdings nach wie vor souverän, wenngleich nicht im vollen Umfang des Begriffs, wenn man eine Verfassung hat, wenn die Institutionen funktionieren und wenn der Staat mit seiner Arbeit ein Minimum für das syrische Volk leistet und wenn schließlich das syrische Volk sich keiner anderen Macht zu unterwerfen hat, was sicher das Wichtigste von allem ist.«

In einem kurzen Videobeitrag am Anfang des Artikels der *Tagesschau* (um 14:00) befragt ein ARD-Moderator den Reporter nach seinem Eindruck von dem Interview. Darin schildert Thomas Aders Assad als schüchtern und zurückhaltend. Schließlich arbeitet der Reporter eine »News« heraus, die das Interview seiner Meinung nach gebracht hat:

> »Ihm geht es darum, dass das System überlebt, das System seines Regimes. Und er wird alles dafür tun, dass das so weitergeht. Er wird jeden Terroristen bekämpfen, das hat er ganz klipp und klar gesagt. Und trotzdem hat er, und das fand ich sehr interessant, zugegeben, dass die Souveränität Syriens, mittlerweile nicht mehr vollständig sei, eben durch die Hilfe, durch die Waffenhilfe von Russland, vom Iran und von der libanesischen Hisbollah.«

Assad hat in dem Interview an keiner Stelle gesagt, dass er wolle, dass »das System seines Regimes« überlebt. Er hat klipp und klar gesagt, dass er sich dem Willen des Volkes beugen werde: »Wenn das syrische Volk will, dass ich diesen Platz räume, dann habe ich das sofort und ohne Zögern zu tun.«

Doch noch viel gravierender ist die von Assads Aussage zur Souveränität abweichende Interpretation des Interviewers (in beiden *Tagesschau*-Ausgaben): Assad hat nie gesagt, dass die Souveränität Syriens wegen der »Waffenhilfe von Russland, des Iran und der Hisbollah« nicht mehr vollständig sei, sondern dass »viele Flugzeuge der Amerikaner und ihrer Alliierten (was man dort als Allianz bezeichnet)« den syrischen Luftraum verletzen und Terroristen die Grenze überschreiten, und man deshalb »nicht von vollständiger Souveränität sprechen« könne.

12. Die Türkei kämpft an allen Fronten, die ARD kämpft mit

Ein leidiges Medienklischee ist der Kampf gegen den Terror. Der Begriff Terror ist politisch, zudem ist er ungenau besetzt. Natürlich ist ein bewaffneter Anschlag auf unbeteiligte Zivilisten ein Akt des Terrors. Aber, so muss sich die Tagesschau-*Redaktion fragen lassen, sind die Drohnen-Anschläge der USA auf Zivilisten nicht auch als Terror zu bezeichnen? Wenn aber andererseits die deutsche Regierung eine Organisation wie die PKK einmal als terroristisch eingestuft hat, dann kennt die* Tagesschau *kein Halten mehr und keine Ursachen, da kennt sie nur noch Terror.*

Programmbeschwerde: Unkritische Tendenzberichterstattung über das Attentat in Ankara (13.3.2016)
www.tagesschau.de, Stand: 14.3.2016

Sehr geehrte Frau Vorsitzende,
ARD-aktuell ließ sich einen Tag nach dem Attentat in Ankara zu folgender hochkreativer Darstellung des gesamtpolitischen Hintergrundes herbei:

> »Die Türkei sieht sich mehreren Bedrohungen ihrer Sicherheit ausgesetzt. Zum einen ist das Land Teil der von den USA angeführten Koalition im Kampf gegen den IS im Irak und in Syrien. Zugleich kämpft sie gegen kurdische Extremisten im Südosten der Türkei. Dort ist es nach dem Ende der Waffenruhe im Juli zum schwersten Ausbruch von Gewalt seit den 90er Jahren gekommen. In den vergangenen Monaten waren türkische Städte mehrfach Ziel von Anschlägen. Einige wurden nach offiziellen Angaben vom IS verübt. Aber auch lokale Islamistengruppen und linke Aktivisten waren an Attentaten beteiligt.«

Bevor wir das im Detail kommentieren, sei hier zunächst eine weitere Meisterleistung der Qualitätskompanie Gniffke zitiert:

> »Die US-Regierung bekräftigte seine (sic!) ›starke Partnerschaft mit unserem NATO-Verbündeten Türkei im Kampf gegen die gemeinsame Bedrohung des Terrorismus‹, erklärte Außenamtssprecher John Kirby. Auch NATO-Generalsekretär Jens Stoltenberg

verurteilte die Bluttat von Ankara. ›Es kann keine Rechtfertigung für solch heimtückische Gewaltakte geben‹, erklärte er.«

Die beiden Zitate aus dem gleichen Bericht haben eines gemeinsam: Sie sind klassische Beispiele für einfältige und anbiedernde Hofberichterstattung. *ARD-aktuell* liefert nun auch von dem Attentat die türkische Regierungslesart pur und hält diese Offerte offensichtlich für Journalismus. Das Echo des »Westens«, also unserer »Wertegemeinschaft«, wird gleichermaßen ungedämpft weitergetrötet.

Zitat 1, nach Problematik zerlegt:

»Die Türkei sieht sich mehreren Bedrohungen ihrer Sicherheit ausgesetzt.«

Hier fehlt ein klärender Hinweis, dass diese »Sicht« nur vorgeblich ist und in Wahrheit die türkische Repressionspolitik gegenüber der kurdischen Minderheit im Land die »Sicherheitsprobleme« verursacht. Der Satz ist türkische Propaganda pur.

»Zum einen ist das Land Teil der von den USA angeführten Koalition im Kampf gegen den IS im Irak und in Syrien.«

Hier fehlt der Hinweis, dass die Regierung Erdogan nur formal der USA-geführten Koalition gegen den IS angehört und dass sie praktisch mit dem IS kollaboriert, ihn logistisch unterstützt, seinen Kämpfern Waffen liefert, ihnen Unterschlupf, medizinische Versorgung und Ruheräume in der Türkei gewährt und Schwarzmarktgeschäfte mit seinem in Syrien und Irak geraubten Öl macht.

»Zugleich kämpft sie gegen kurdische Extremisten im Südosten der Türkei.«

Hier fehlt der Hinweis, dass es sich bei den »Extremisten« um die PKK handelt. Es fehlt eine Erklärung, dass die PKK von den UN nicht mehr auf der Liste der als terroristisch geltenden Gruppen geführt wird. Unerwähnt bleibt, dass es sich bei dem »Kämpfen im Südosten« um eine türkische Offensive handelt, um einen Angriff, nicht um eine Verteidigung; die propagandistische Absicht in diesen Verkürzungen ist unübersehbar.

»Dort ist es nach dem Ende der Waffenruhe im Juli zum schwersten Ausbruch von Gewalt seit den 90er Jahren gekommen.«

Dieses »zum schwersten Ausbruch von Gewalt gekommen« ist eine bodenlose Verfälschung der Ereignisse. Die Türkei hat eine militärische Offensive gestartet, weil sie die kurdischen Autonomiewünsche im Keim ersticken will. Das wird ein Regierungssprecher in Ankara natürlich so nicht sagen. *ARD-aktuell* hätte es erkennen lassen müssen.

> »In den vergangenen Monaten waren türkische Städte mehrfach Ziel von Anschlägen. Einige wurden nach offiziellen Angaben vom IS verübt. Aber auch lokale Islamistengruppen und linke Aktivisten waren an Attentaten beteiligt.«

Hier fehlt der Hinweis, dass diese Anschläge mit dem terroristischen Einsatz des türkischen Militärs – es handelt sich in der Tat um blanken Terror einer skrupellosen Spezialtruppe – gegen die Kurden im Südosten des Landes nichts zu tun haben und ihn ohnehin nicht rechtfertigen könnten.

Zitat 2, nach Problematik zerlegt:

> »Die US-Regierung bekräftigte seine (sic!) ›starke Partnerschaft mit unserem NATO-Verbündeten Türkei im Kampf gegen die gemeinsame Bedrohung des Terrorismus‹, erklärte Außenamtssprecher John Kirby.«

Hier fehlt jeder Versuch einer Objektivierung und Relativierung. Die »starke Partnerschaft« hatte vor wenigen Tagen ihren Ausdruck darin gefunden, dass Washington das Regime Erdogan mit scharfen diplomatischen Mitteln von dessen Versuchen abbringen musste, sein Militär auf syrisches Gebiet vorrücken zu lassen. Auch gibt es erhebliche Spannungen zwischen den USA und Ankara, seit die türkische Luftwaffe ein russisches Kampfflugzeug völkerrechtswidrig über Syrien abschoss.

> »Auch NATO-Generalsekretär Jens Stoltenberg verurteilte die Bluttat von Ankara. ›Es kann keine Rechtfertigung für solch heimtückische Gewaltakte geben‹, erklärte er.«

Hier wird nicht einmal ansatzweise merklich, wie überflüssig diese »Information« ist, wie rein propagandistischen Zwecken gewidmet. Dass der NATO-Vormann heuchlerisch moralisiert, da die Drohnenangriffe und anderen völkerrechtswidrigen Bombardements der

»transatlantischen Verteidigungsorganisation« nicht minder heimtückische und durch nichts zu rechtfertigende Gewaltakte darstellen, das hätte zumindest den Verzicht auf diese einseitige verbale Widerwärtigkeit erfordert.

13. Tote Zivilsten? Sind nur Jemeniten

Spiegel online *kann es melden: »Bei einem Luftangriff der Militärallianz unter saudi-arabischer Führung sind im Jemen nach UNO-Angaben 119 Menschen getötet worden, 22 davon Kinder. Die Bomben fielen auf einen belebten Markt.« Sogar der* Focus *kann es melden: »Saudi-Koalition bombardiert Markt. Mehr als 100 tote Zivilisten bei Luftangriff im Jemen«. Die* Tagesschau *kann es nicht melden. Dann ist es nur logisch, dass sie die darauf folgenden Protestdemonstrationen in der jemenitischen Hauptstadt gegen die saudischen Bombardements auch nicht melden kann.*

Programmbeschwerde: *ARD-aktuell*: Jemen

Sehr geehrte Frau Vorsitzende,
wenn Saudi-Arabien im Jemen während eines völkerrechtswidrigen Angriffskrieges ein Bombardement auf einen Gemüsemarkt veranstaltet und 106 Besucher umbringt, berichtet das die *Tagesschau* nicht. Es entspricht also einer inneren Logik, dass die *Tagesschau* auch mit keinem Wort darüber informierte, dass am 27. März 2016, dem Jahrestag des Kriegsbeginns, eine halbe Million Jemeniten in ihrer Hauptstadt Sanaa zu einer Protestdemonstration gegen diese Bombenangriffe zusammengekommen waren. Gegen diese abermalige Verschwiegenheit erheben wir eine weitere Programmbeschwerde.

Es entspricht unserem Verständnis vom Auftrag des öffentlich-rechtlichen Rundfunks, dass er umfassend und vollständig zu unterrichten und damit einen Überblick über das Weltgeschehen zu geben hat. Die Vorgänge auf der arabischen Halbinsel sind nicht zu ignorieren.

Die Demonstration hat zwar erwartungsgemäß in den MSM (Mainstream-Medien) und deren Zulieferern, den »prowestlichen«

Nachrichtenagenturen, kaum Aufmerksamkeit gefunden. Informationen gab es aber trotzdem, vor allem beim katarischen Sender *Al Jazeera*. Eine deutsche Zusammenfassung im Internet zum Beispiel auch in einem Beitrag von Einar Schlereth (»Jemen: Riesen-Demo zum Jahrestag der Saudi-Aggression«, einarschlereth.blogspot.de, 27.3.2016)

Wir sind an einer Klärung der gesamten, aus unserer Sicht äußerst tendenziösen Nachrichtengestaltung über das Geschehen im Nahen Osten in den Sendungen der Hauptabteilung *ARD-aktuell* interessiert. Wir sehen durchaus Zusammenhänge, wenn

- über Massaker und Kriegsverbrechen im Jemen nicht berichtet wird,
- die Herrschaften in Riad in höfischen Formeln tituliert und nicht als menschenfeindliche Diktatoren bezeichnet werden,
- die Wortwahl der *Tagesschau* in konformistischer Linientreue den Vorgaben der Berliner Regierung folgt, im Fall Saudi-Arabien gemäß Steinmeierscher Diktion also von »Regierung« und »Herrschern« die Rede ist, im Fall Syrien hingegen von »Regime« und »Machthaber«,
- und im Fall Ägypten Schweigen im Walde herrscht.

Dieser Stil ist fern aller Anforderungen, die die Staatsverträge an den öffentlich-rechtlichen Rundfunk stellen. Er erfüllt weder das Erfordernis der Objektivität, noch der Vollständigkeit, noch der Sachlichkeit. So ist das Programm nicht der Information der Rundfunkteilnehmer dienlich und schon gar nicht dem Ziel der Völkerverständigung.

Er ist vielmehr nur Ausdruck von Agitation und Propaganda.

14. Eine Erklärung, die nichts erklärt

Im Journalismus gibt es den Ausdruck der Vierjahreszeiten-Nachricht. Das ist jene Meldung, die man getrost zu allen Jahreszeiten und Wetterlagen bringen kann, ohne sich des Verdachts der Aktualität auszusetzen. Dazu gehören nahezu alle Erklärungen des Verfassungsschutzes zum Terrorismus, es sei denn, es gäbe einmal ein neues Faktum. Wenn sie trotzdem ohne jeden Nachrichten- und Nährwert gebracht werden, dann kann man sie nur als PR begreifen. So wie der Terrorismus in der Tagesschau *selbst keine Erklärung aus gesellschaftlichen Zusammenhängen erfährt, so wird auch nicht erklärt, warum Erklärungen, die nichts erklären, ihren Weg in die öffentlich-rechtlichen Nachrichten finden.*

Programmbeschwerde: *Tagesschau,* 10.4.2016, 20 Uhr *ARD-aktuell* macht sich zum Behördensprachrohr

Sehr geehrte Frau Vorsitzende,
am Sonntag, dem 10.4.2016, brachte die *Tagesschau* um 20 Uhr diese Studio-Meldung:

> »Auch Deutschland ist nach Überzeugung des Verfassungsschutzes im Visier der IS-Terroristen. In einem Interview in der *Welt am Sonntag* räumte dessen Chef Maaßen ein, sein Amt habe die Islamistenmiliz anfangs falsch eingeschätzt. Er habe es für unwahrscheinlich gehalten, dass der IS die Flüchtlingskrise nutzen würde, um seine Anhänger unter die Flüchtlinge zu mischen. Genau das sei aber geschehen.«

Diese Tagesschau-»Nachricht« beruhte offenkundig auf einer von den Inlandsagenturen verbreiteten Pressemitteilung des Springer-Verlags, die der Auflagensteigerung der *Welt am Sonntag* dienen sollte. Schon aus diesen Gründen hatte sie in einer seriösen Informationssendung des öffentlich-rechtlichen Rundfunks nichts zu suchen. Gegen die kritiklose Übernahme in die *Tagesschau*-Sendung sprach jedoch vor allem die dümmliche und unglaubwürdige Aussage des Verfassungsschutzpräsidenten. Nicht nur nennt er keinerlei Anhaltspunkte für seine »neue« Einsicht. Die Behauptung hätte von einer gründlich arbeitenden Redaktion schon deshalb zumindest auf ihre Stichhaltigkeit überprüft werden müssen. Beim Blick ins Archiv wäre sofort aufgefallen, dass hier nur eine olle Kamelle in neuem Einwickelpapierchen angeboten worden war:

> »Der Verfassungsschutz hält den islamistischen Terrorismus aktuell für die größte Bedrohung in Deutschland. Im Verfassungsschutz-

bericht 2014 heißt es, je länger der Pseudostaat der Terrormiliz Islamischer Staat (IS) existiere, desto größer werde die Terrorgefahr in Europa.« (www.sueddeutsche.de, 30.6.2015)

Mit anderen Worten: Bereits aus dem Jahresbericht 2014 des Verfassungsschutzes geht hervor, dass der Geheimdienst mit Infiltrationsversuchen des IS in Europa und in Deutschland rechnete. Dass der IS dazu die »Flüchtlingskrise« (sic!) nutzen würde, kann der Geheimdienst folglich nicht »falsch eingeschätzt« haben, es sei denn, nicht nur im Kopf von dessen Präsident Dr. Maaßen schrien Ratio und Logik gemeinsam um Hilfe.

Die hier zitierte Meldung verstößt gegen die Programmrichtlinien des Rundfunkstaatsvertrags. In denen heißt es nicht von Ungefähr, dass die Nachrichten auf ihren Wahrheitsgehalt zu überprüfen seien.

15. Ein Datenleck wird gestopft

Ein blindes Huhn bekommt ein geleaktes Korn geschenkt: Die Panama Papers, die gehackten Daten einer panamaischen Kanzlei für internationale Geldwäsche und Steuerbetrug. Unter den aufgeflogenen Firmen sind natürlich auch prominente deutsche Namen. Was macht die Tagesschau *damit? Sie sucht als erstes nach dem Gerstenkorn im Auge des russischen Präsidenten. Statt sich um die dicken Balken im deutschen Auge zu kümmern: Rund 30 deutsche Banken standen auf der Peak-Liste. Das viele »Putin!«-Schreien war so anstrengend, dass die Kraft nicht mehr ausreichte, um z. B. einem Repräsentanten der Deutschen Bank ein Mikro vor die Nase zu halten. So stopft man sogar ein echtes Datenloch.*

Programmbeschwerde: Unzulängliche Berichterstattung über die Panama-Papiere, 10.4.2016

Sehr geehrte Frau Vorsitzende,

es war zu erwarten, dass im Zusammenhang mit den ersten Berichten über die geleakten riesigen Datenmengen von Briefkastenfirmen in Panama Probleme auftreten würden, die einer angemessenen Darstellung und Interpretation des Ereignisses auch in den Nachrichten von

ARD-aktuell Grenzen setzen. Dass es Schwierigkeiten machen musste, über einen Datensatz von 3 Terabyte Umfang innerhalb eines oder zweier Tage halbwegs angemessen und korrekt zu berichten, versteht sich von selbst.

Nach mehr als einer Woche journalistischen Hyperventilierens über zumeist weniger Wichtiges aus den Papieren lassen sich jedoch in der Berichterstattung von *Tagesschau* & Co. strukturelle Mängel feststellen, über die wir hier Beschwerde führen.

Systemtypischerweise nahm *ARD-aktuell* im Gleichklang mit den anderen MSM (Mainstream-Medien) den russischen Staatspräsidenten Putin und sein Umfeld unter Verdacht der Steuerflucht und Geldwäsche, obwohl sein Name in den geleakten Papieren gar nicht auftaucht.

ARD-aktuell unternahm ersichtlich keinen Versuch, Hinweisen nachzugehen, das »Leck« in Panama sei von US-amerikanischen Diensten organisiert resp. finanziert worden, um die »Kundschaft« dieser Steueroase aufzuscheuchen und in die Arme der Konkurrenz zu treiben, vorzugsweise des US-Bundesstaates Delaware; der steht nach aktuellem Ranking der Zeitung *neues deutschland* derzeit an der Weltspitze, was die Anzahl der beherbergten Briefkastenfirmen anbelangt, treibt demnach mindestens ebenso üble Hehlerei wie Panama.[32]

Die führende Rolle der USA als Heimat für Steuerhinterzieher und Geldwäscher spielte zwar vor zwei Monaten in der ARD-Sendung *Plusminus* eine Rolle: »Mit Gründung einer anonymen Firma lassen sich in den USA leicht Steuern hinterziehen. Die Regierung macht das sogar einfach.« (Plusminus, 30.5.2015) Nicht jedoch, wie geboten und aus gegebenem Anlass, in den Nachrichten von *Tagesschau* und *Tagesthemen*. Wir erinnern zum x-ten Mal an die im NDR-Staatsvertrag festgelegte Aufgabenstellung, der die Gniffke-*ARD-aktuell* ersichtlich nicht folgt:

§5. Der NDR hat den Rundfunkteilnehmern und Rundfunkteilnehmerinnen einen objektiven und umfassenden Überblick über das internationale, europäische, nationale und länderbezogene Geschehen in allen wesentlichen Lebensbereichen zu geben.

32 Vgl. Werner Rügemer: Nur Platz 13 für Panama, 8.4.2016, in: neues deutschland, 8.4.2016.

§ 8. Der NDR ist in seinem Programm zur Wahrheit verpflichtet. ... Ziel aller Informationssendungen ist es, sachlich und umfassend zu unterrichten.

ARD-aktuell verzichtet auch unter *tagesschau.de* darauf, einen ähnlich umfassenden Überblick über die »Panama-Papers« zu geben wie die britische BBC.[33]

Der *Tagesschau*-Meldung »Bundesfinanzminister Schäuble will verstärkt gegen Steueroasen vorgehen« (10.4.2016, 20 Uhr) fehlte dementsprechend jede kritische Distanz. Schäuble wolle »an die Wurzel des Problems« und die Steueroasen austrocknen, wird im anschließenden Reporterbericht allen Ernstes behauptet, gestützt auf ein paar wichtigtuerische Aussagen, die der Finanzminister zuvor im *Bericht aus Berlin* gemacht hatte.

Kein Wort davon, dass Schäuble im Traum nicht daran denkt, die USA und Großbritannien auf seine »Schwarze Liste« auszutrocknender Steueroasen zu setzen, obwohl sie die für Deutschland wichtigsten sind und das unbezweifelbar eine Nachricht wert war und ist. Kein Wort davon, wie offensiv deutsche Steuerkriminelle nach Delaware bzw. auf die Kanalinseln gelockt werden. Ohne Zweifel ist dieser Verschiebebahnhof ein lange bekanntes internationales Problem, unabhängig davon, aus welchen der vielen betroffenen Staaten die Finanzakrobaten kommen.

Die Redaktion entzieht sich ihrem Auftrag zu distanzierter und um Objektivität bemühter vollständiger Berichterstattung.

16. Nazis? In der Ukraine? Niemals!

Von Beginn der neuen ukrainischen Zeitrechnung an – die relativ russlandfreundliche und deshalb undemokratische, gewählte Regierung Janukowitsch wurde demokratisch per Putsch durch die ziemlich EU-USA-freundliche Re-

---

33 Vgl. diverse Text- und Videobeiträge unter: »Panama Papers Q & A: What is the scandal about?«, www.bbc.com/news/world-35934836, erschienen zwischen 3. und 8. April 2016.

gierung Poroschenko ausgetauscht – hatten die deutschen Freunde der Putschregierung Mühe, deren freundliche Nähe zur ukrainischen Nazi-Szene zu erklären. Der Tagesschau *fiel ein einfacher Weg ein: Sie nahm einfach keine Notiz von den dicken braunen Flecken auf Hemd und Hose des Poroschenko-Regimes. Nicht einmal, als der Mitbegründer der rechtsextremen Sozial-Nationalen Partei, Andrij Parubij, Parlamentspräsident in Kiew wurde.*

Programmbeschwerde: Unterdrücken von Nachrichten – Die Wahl des ukrainischen Faschisten Parubij zum Parlamentspräsidenten, 14.04.2016

Sehr geehrte Frau Vorsitzende,
das Kiewer Parlament hat Andrij Parubij am Donnerstag zu seinem neuen Vorsitzenden gewählt. Die Mehrheit für ihn fiel deutlich größer aus als die für den neuen Ministerpräsidenten Wladimir Groisman. Hierüber hat *ARD-aktuell* nicht berichtet. Politisch ist Parubijs Wahl etwa so zu beurteilen, als werde ein für die AfD in den Bundestag eingezogener Kameradschaftsführer zum Präsidenten des Hohen Hauses erkoren. Mit Parubijs Wahl wird der Marsch ukrainischer Nazis durch die Institutionen mit einem der höchsten Staatsämter gekrönt. Parubij ist sozusagen der Hermann Göring der Ukraine. (vgl. junge Welt, 15.4.2016)

Über die Wahl berichtete von den Mainstream-Medien nur *Spiegel online* – und das bezeichnenderweise in seiner englischsprachigen Ausgabe.[34]

ARD-aktuell schweigt und zeigt damit, dass nicht nur die Verharmlosung islamistischer Terroristen in Syrien, sondern auch die mediale Begünstigung faschistischer Kräfte in der Ukraine zum integralen Bestandteil der Auslandsberichterstattung zählt. Der 43 Jahre alte Historiker Parubij stammt wie Oleg Tjagnibok aus dem Gebiet Lwiw (Lemberg). Als Student führte er bereits eine nationalistische Jugend-

34 »Prepared to Die«: The Right Wing's Role in Ukrainian Protests, www.spiegel.de/international, 27.1.2014.

organisation an. Während der demokratischen Orangenen Revolution 2004 war er Befehlshaber eines wichtigen Stützpunkts der Demonstranten. Beim Kiew-Putsch 2014 leitete der meist in Uniform gekleidete »Kommandant des Maidan« auf dem Unabhängigkeitsplatz die sogenannten Selbstverteidigungskräfte – eigenen Angaben nach waren das bis zu 12.000 Mann. Parubij war außerdem Mitbegründer der paramilitärischen Schlägertruppe »Patriot der Ukraine«, die lange vor dem »Euromaidan« mit dem Straßenkampftraining ihrer aus Hooligans und gewöhnlichen Faschisten rekrutierten Mitglieder begann und zum richtigen Moment zur Stelle war.

Über die Wahl dieses Faschisten zum Parlamentspräsidenten der Ukraine nicht zu berichten, ist zweifelsfrei ein Verstoß gegen die staatsvertragliche Verpflichtung, umfassend über wichtige Ereignisse zu informieren. Offensichtlich versucht Dr. Gniffke auch in diesem Fall, dem Interesse der deutschen Regierung dienlich zu sein und Negativ-Meldungen über die Ukraine in Grenzen zu halten, um keinen Unmut über den neuerdings »befreundeten« korrupten Staat in der deutschen Öffentlichkeit aufkommen zu lassen. Außerdem wird Herr Dr. Gniffke vermeiden wollen, dass die Öffentlichkeit über das zweijährige Desaster der Ukraine-Berichterstattung von *ARD-aktuell* mit seiner Startruppe Atai, Virnich, Großheim, Krause und Lielischkies ernsthaft nachzudenken beginnt. Auf diese Weise allerdings setzt er *ARD-aktuell* berechtigten öffentlichen Vorwürfen der manipulativen Berichterstattung aus.

17. Eine gepflegte Berichterstattung

Manchmal zitiert ARD-aktuell *die Quellen seiner Nachrichten-Weisheit. Im Fall der privaten Pflege-Industrie und ihrer Geschäftspraxis war das Bundeskriminalamt der Brunnen: »In Einzelfällen sind Informationen bekannt, laut denen die Investition in russische ambulante Pflegedienste ein Geschäftsfeld russisch-eurasischer Organisierter Kriminalität ist.« »In Einzelfällen« – trotzdem titelt die* Tagesschau: *»Russische Anbieter im Visier«. Soweit zur journalistischen Sorgfaltspflicht und der Pflege eines Vorurteils.*

Programmbeschwerde: Zur Berichterstattung über Betrug in den Pflegeeinrichtungen, 16. April 2016, 5:08 Uhr

Sehr geehrte Frau Vorsitzende,
ein paar Tage vor der rechtlichen Klarstellung, dass das BKA auf zum Teil verfassungswidriger Grundlage agiert, versuchte die Behörde in typischer Public-Relation-Manier vom rechtlichen Problem abzulenken und auf die eigene Unentbehrlichkeit hinzuweisen. Und wie immer reagierten die Mainstream-Medien, inklusive *ARD-aktuell*, prompt und unterstützend. *ARD-aktuell* brachte zwischen dem 16. und 18. April in allen seinen Formaten, sowohl in der *Tagesschau* als auch im Internet, vom BKA initiierte Berichte über Betrügereien in der ambulanten Pflege. Die Zitate, entnommen aus *tagesschau.de*, wurden in gleicher Weise auch in den TV-Sendungen angeboten:

> »... haben Kranken- und Pflegekassen sowie Sozialämter zuletzt jährlich deutlich über 20 Milliarden Euro für die Patientenversorgung ausgegeben. Teile dieses Geldes sind allerdings in kriminelle Kanäle geflossen, schätzt das Bundeskriminalamt (BKA). ... geht die Behörde davon aus, dass vor allem russische Pflegedienste systematisch und organisiert in diesem System betrügen. ... die Behörde hat in erster Linie russische Pflegedienste im Verdacht. ... liegen interne Dokumente vor, in denen das BKA unter anderem folgendes Fazit zieht: »Beim Abrechnungsbetrug im Gesundheitswesen durch ambulante Pflegedienste, die mehrheitlich von Personen aus den Staaten der ehemaligen Sowjetunion geführt werden, handelt es sich um ein bundesweites Phänomen.«

Weiter heißt es in den Dokumenten:

> »In Einzelfällen sind Informationen bekannt, laut denen die Investition in russische ambulante Pflegedienste ein Geschäftsfeld russisch-eurasischer Organisierter Kriminalität ist.«

Die vertraulichen Berichte selbst kann das BKA nicht kommentieren. Schriftlich teilt es aber Grundsätzliches mit:

> »Insbesondere den kommunalen Sozialhilfeträgern sowie den gesetzlichen Kranken- und Pflegekassen, also letztlich der Allgemeinheit, entstehen beträchtliche finanzielle Schäden. Deshalb ist

> es wichtig, dass wir uns gemeinsam mit den Polizeibehörden der Bundesländer mit diesem Phänomen befassen und Straftaten aufklären.« Aktuellen Schätzungen zufolge liegt der so entstandene Schaden bei jährlich mindestens einer Milliarde Euro. … Bundesweit laufen Dutzende Ermittlungsverfahren.«

Diese »Nachrichten« von *ARD-aktuell* wurden ersichtlich nicht eigenständig überprüft, es erfolgte keine Kontrolle ihres Wahrheitsgehalts. Weder wurde nachgefragt, wie viele staatsanwaltschaftliche Ermittlungsverfahren gegen Pflegedienste tatsächlich eingeleitet wurden. Noch, in welchem Mengenverhältnis einheimische und ausländische Pflegedienste im Visier der Ermittler sind. Es wird nur von »dutzenden Ermittlungsverfahren« berichtet. Es ist demnach noch nicht einmal eine einzige Anklage erhoben worden. Auf Basis bloß spekulativer Behauptungen einer Behörde betreibt *ARD-aktuell* reinsten Verlautbarungsjournalismus, wie ein Regierungsorgan das eben so macht.

Und wie selbstverständlich wird wieder die antirussische Karte gezogen. Unbedacht und unerwähnt bleibt, dass mehr als zwei Millionen ›Russischsprachige‹ sich ins geeinte Deutschland integriert haben und nun unter Generalverdacht stehen (der erste Schritt zu einer mit Pegida vergleichbaren Hetze gegen andere Bevölkerungsteile).

Auszug aus dem NDR-Staatsvertrag, Programmauftrag, § 8, Abs. 3:

> »Berichterstattung und Informationssendungen haben den anerkannten journalistischen Grundsätzen, … zu entsprechen. Sie müssen unabhängig und sachlich sein. Nachrichten sind vor ihrer Verbreitung mit der nach den Umständen gebotenen Sorgfalt auf Wahrheit und Herkunft zu prüfen.«

Bei Berichten über Betrügereien in der Pflege gehörte zu den anerkannten journalistischen Grundsätzen, die Angaben einer Regierungsbehörde auf Faktentreue und objektiven Gehalt zu überprüfen, erst recht, wenn es sich bei dem Hinweisgeber um eine Behörde handelt, die, wie die anderen Geheimdienste auch, längst keinen Ruf mehr zu verlieren hat. Weil ausdrücklich nur von »Verdacht« die Rede war und die Behörde selbst lediglich »Einschätzungen« liefert, ein »Fazit« zieht und »davon ausgeht«, im Übrigen aber »nicht kommentieren kann«, hätte es zu den journalistischen Grundsätzen gehört und gemäß Staatsvertragsaufgabe auf Wahrheit geprüft werden müssen, was an Konkretem hinter der antirussischen Heißluft des BKA steckt.

Die bloße Bezugnahme der *Tagesschau* auf »vertrauliche Berichte« einer geheimdienstlichen Behörde entspricht nicht der Verpflichtung zur Sachlichkeit, die der Staatsvertrag ausdrücklich verlangt. Die Redaktion hätte zumindest nachfragen müssen, welche weiteren Verdächtigen es gibt, wie viele Anklagen erhoben wurden, wie viele Verurteilungen vorliegen, wer die Beschuldigten sind. Wir stellen einen groben Verstoß gegen die Bestimmungen des Staatsvertrags fest und bitten um Überprüfung.

18. Hillary, go for it!

Vergleiche hinken, gelegentlich. Auf jeden Fall aber hinkt die Tagesschau, *wenn sie vergleicht. Nehmen wir an, die wichtigen US-Nachrichten-Sender würden in einem deutschen Kanzlerwahlkampf den sozialdemokratischen Kandidaten gegen Angela Merkel in Kommentar und Nachrichtenauswahl bevorzugen. Das würde – vom Kanzleramt bis zur* Tagesschau *– als höchst befremdlich angesehen. Im Vergleich Trump gegen Clinton hat sich die* Tagesschau *bedingungslos auf die Seite von Hillary Clinton geschlagen. Sicher ist Trump eine dubiose Figur. Aber Frau Clinton, selbst nach US-Maßstäben korrupt und, wie etwa im Libyen-Krieg bewiesen, besonders kriegslüstern, ist auch um keinen Deut besser. Nur anders schlecht.*

Programmbeschwerde: »Trumps außenpolitische Rede – Von ›unberechenbar‹ bis ›verlässlich‹«, *tagesschau.de*, 28.4.2016

Sehr geehrte Frau Vorsitzende,
ARD-aktuell hat sich im US-Wahlkampf eindeutig positioniert: Hillary Clinton ist die Favoritin des Herrn Dr. Gniffke und der Frau Krogmann, mit jeder Silbe in den Nachrichten von *ARD-aktuell* lässt es

sich belegen. Mit staatsvertraglich verpflichtetem Journalismus hat das nicht viel zu tun.

Seriöser Journalismus würde die Präsidentschaftskandidaten für sich selbst sprechen lassen, Kernpunkte ihrer politischen Ziele darlegen und gleichermaßen Kritiker zu Wort kommen lassen. Dass ARD und ZDF mit seriösem Journalismus so wenig zu tun haben wie Trump mit political correctness, hat uns nach über 100 Programmbeschwerden nicht wirklich überrascht.

Nach unserer Auffassung wäre es erforderlich, über polarisierende und umstrittene Politiker wie Trump korrekt, umfassend und ohne Tricksereien zu berichten. Daran fehlt es, wie auch der hier kritisierte Beitrag zeigt. *ARD-aktuell* serviert wieder einmal Argumente für Vorwürfe wie »Einseitigkeit, »Desinformation« oder »fehlende Objektivität«. Dass Trump möglicherweise ein problematischer Präsidentschaftskandidat ist, darf kein Leitmotiv für schlechten Journalismus sein.

Die Fehler des Beitrages im Einzelnen:
»America first«: Jede Entscheidung soll daran gemessen werden, ob sie den USA nutzt oder nicht. Das ist Trumps Plan – für die Politik insgesamt, also auch für die Außenpolitik. Ob er damit eine neue Ära amerikanischer Isolation meint, blieb in der 40-minütigen Rede so unklar wie der Gegensatz der Aussagen, die USA müssten »als Nation unberechenbarer werden«, aber gleichzeitig ein »verlässlicher Partner sein«.

Diese Bemerkung ist aus dem Zusammenhang gerissen: Trump hat einleitend ausdrücklich gesagt, dass er zu den »zeitlosen« Prinzipien amerikanischer Politik zurückkehren wolle: Die Orientierung an den Interessen der amerikanischen Bevölkerung und der US-Sicherheit. Er hat sich dabei – entgegen der ARD-Behauptung – ausdrücklich auf die Außenpolitik bezogen. Neu ist das wirklich nicht: Diese Prinzipien haben seit jeher die US-Politik bestimmt. Weshalb dennoch über eine Ära der Isolation spekuliert wird, ist nicht ersichtlich. Trump begründet seine Position mit dem Rekurs auf die amerikanische Politik während des Zweiten Weltkrieges und auf die Erfolge der USA im Kalten Krieg. Diese Politik stellt er abgrenzend gegen Obamas Politik: »Irak, Ägypten, Libyen, Syrien hätten zu einer Stärkung des IS geführt, nur weil man der gefährlichen Idee aufsaß, westliche Demokratie müsste in diese Länder eingeführt werden.«

Völlig unverständlich sind die Korrespondenten-Hinweise auf die vermeintlich widersprüchlichen Trump-Aussagen zur »unberechenbaren Nation« und zur Verlässlichkeit als Partner. Es handelt sich hier um eine manipulative Stückelung von Aussagen. Der Begriff »unberechenbar« war eindeutig auf Aussagen im Zusammenhang mit dem IS verwendet worden, während sich Trumps »verlässlich« als eine typische politische Leerformel auf den Umgang mit Freunden und Alliierten der USA bezog. Weiter heißt es im Beitrag:

> »Die NATO-Mitglieder zahlten mehrheitlich zu wenig, schimpfte Trump. Sie müssten zwei Prozent des Bruttoinlandsprodukts aufbringen. Das Bündnis müsse erneuert werden. ›Die Länder, die wir verteidigen, müssen für die Kosten ihrer Verteidigung aufkommen. Tun sie das nicht, müssen die USA dazu bereit sein, die Verteidigung dieser Länder ihnen selbst zu überlassen. Wir haben keine andere Wahl.‹«

Falsch und parteiisch ist an dieser Wiedergabe von Trumps Aussage: Der Kandidat hat nicht nur von NATO-Ländern gesprochen, sondern allgemein von »Ländern, die wir verteidigen«. Er hat auch nicht »geschimpft«, sondern seine Auffassung begründet. »Wir haben keine andere Wahl«, hat Trump nicht gesagt, sondern es ist eine Erfindung des Korrespondenten. Spekulativ ist auch die Unterstellung, Trump habe die NATO infrage gestellt. Davon war nirgends die Rede, er hatte lediglich die These aufgestellt: »Wer sich an den Rüstungsausgaben nicht beteiligen will, verliert die Unterstützung der USA.«

Dass weder Trump noch Clinton demokratische Mindeststandards erfüllen und folglich nicht als wünschenswerte Präsidenten erscheinen, darauf kommt *ARD-aktuell* nicht. Stattdessen agiert die Redaktion staatsvertragswidrig als willige Helferin der deutschen Regierung, die Frau Clinton – wenn es nach Minister Steinmeier geht – als Siegerin sehen möchte.

Diese Art parteiischer Berichterstattung ist mit den Programmrichtlinien unvereinbar, Entsprechendes gilt für die falsche und verzerrende Wiedergabe der Rede Trumps in wichtigen Passagen.

19. Selbstjustiz ist irgendwie unschön

Ein Zauberwort in der Nachrichtengebung ist »Wording«. Hinter diesem flotten Anglizismus verbirgt sich eine Art Nachrichtenkosmetik. Da wird aus Aufrüstung gern Modernisierung, oder aus einem Wolkenbruch ein bedeckter Himmel. So kann aus einer Nachricht, von der man denkt, sie sei eine neutrale Information, eine Wiedergabe von Fakten, unversehens eine »Nachrichtung« werden, nach der man sich zu richten hat. Oder im allgemein Sprachgebrauch: Propaganda.

Programmbeschwerde:
***ARD-aktuell* mit verschleierndem Sprachgebrauch**
»Reaktion auf verstärkte NATO-Präsenz: Russland rüstet an der Grenze auf«, www.tagesschau.de, 4.5.2016

Sehr geehrte Frau Vorsitzende,
einer der profiliertesten deutschen Journalisten der Nachkriegszeit, Eckart Spoo (früher *Frankfurter Rundschau*), führte zum Sprachgebrauch in deutschen Medien aus:

> »Es kommt auf das richtige Wort an. Richtiger gesagt: auf das falsche. Das richtig falsche. So funktioniert Propaganda: verwirrend. Propaganda muss ihre Adressaten verwirren, das ist ihr Auftrag. Sie muss das Offensichtliche vernebeln und uns zu blindem Glauben und Gehorsam erziehen – zu dem Glauben, das Unwahre sei wahr, das Richtige falsch, das Gute böse, das Böse gut.
>
> In der Propaganda, der wir viel häufiger ausgesetzt sind als wir ahnen, nämlich fast immer, allemal in Kriegszeiten, sind Aufklärung und Propaganda ein Begriffspaar, ähnlich wie Freiheitskämpfer und Terroristen. Die Guten, nämlich die Unsrigen, warnen, die Bösen, das heißt die Feinde, drohen, denn Warnen, das ist ein freundliches, Drohen hingegen ein feindliches Verhalten.
>
> So inszeniert die Propaganda das Welttheater und macht uns zu vermeintlich Wissenden, ohne dass wir einen Beweis erhalten, denn die beiden Wörter sind so unscheinbar, dass sie uns beim Lesen oder Hören gewöhnlich nicht auffallen. Sie wirken unterschwellig.«

ARD-aktuell hat für propagandistische Sprachverhunzung viele Beispiele geliefert: »Gemäßigte Rebellen« werden nicht »westlich unterstützte Aufständische« genannt, sie sind »gemäßigt« weil sie die Guten sind, trotz ihrer Christen-Massaker und Kreuzigungs-Verbrechen. Die ukrainischen mörderischen Asow-Milizen sind bei *ARD-aktuell* keine Faschisten, sondern »regierungstreue Kämpfer«, weil sie für uns und die Poroschenko-Regierung gegen die bösen Russen kämpfen. Da wir gut sind, können die Faschisten nicht böse sein. Wenn Selbstjustiz an ukrainischen Regierungsgegnern geübt wird, dann nennt Thomas Roth das nicht Terror, sondern »unschönes Bild«. Gelernt hat *ARD-aktuell* trotz aller Kritik seither nichts. Im o. g. Beitrag heißt die Überschrift:

»Russland rüstet an der Grenze auf.«

Das muss den friedliebenden Deutschen martialisch klingen, der Begriff »Rüstung« weckt die Assoziation »Militärische Bedrohung, Feind, Aggression«. Unterschwellig werden die Russen damit wie immer in die Ecke der »Bösen« gestellt. Relativ unscheinbar und unauffällig setzt *ARD-aktuell* damit selbst bei legitimen Verteidigungsbestrebungen Russlands die Dämonisierung in subtiler Weise fort. Da wirkt es heuchlerisch, wenn im Beitragstext darauf hingewiesen wird, dass die russischen Planungen eine Reaktion auf die Provokationen der NATO sind.

Bezeichnenderweise nennt *ARD-aktuell* die Drohkulisse der NATO verschleiernd und vernebelnd »NATO-Militär-Präsenz« in den osteuropäischen Ländern. Gelegentlich heißt es bei *ARD-aktuell* ähnlich vernebelnd »Engagement der NATO in Osteuropa«, »Verlegung von Militärgerät« oder »Planung von Militärstützpunkten in den baltischen Staaten«. Das »Wording« Rüstung sucht man in der Berichterstattung über die NATO-Aktivitäten vergeblich. Es bleibt dem russischen Feind reserviert.

Dieses Beispiel zeigt erneut, wie subtil, aber wirksam *ARD-aktuell* Propaganda betreibt. Fühlte es sich der Wahrheit, dem Frieden und den Regelungen des NDR-Staatsvertrages verpflichtet, hätte die Überschrift ungefähr so lauten müssen: »NATO provoziert neue russische Verteidigungsbemühungen an seiner Grenze«. Leider aber hat die Wahrheit keine Chance.

20. Krieg und Flucht kennen keine Verantwortlichen

Wie schön: Die Tagesschau *ist gegen Krieg. Wer ist das nicht? Auch die Kriegsverursacher sind öffentlich immer gegen Krieg. Oder hat man George W. Bush je sagen hören: »Ich schlachte gern Irakis«? Weil Kriegsverursacher solche Bekenntnisse selten ablegen, sollte die aufmerksame Publizistik dem Zuschauer bei Nachrichten über Krieg und Flucht behilflich sein und Hintergründe nennen, die ihm für seine eigene Urteilsbildung von Nutzen sein können. Doch* ARD-aktuell *sondert lieber Sätze ab, in denen die »Flüchtlingskrise« z.B. als »großes Problem« referiert wird. Wer hätte das gedacht. Wo bleibt aber ein durchaus wahrer Satz wie »Deutsche Waffen-Exporte gehören maßgeblich zu den Fluchtursachen«?*

Programmbeschwerde: Desinformationen über G7-Gipfel und »Flüchtlingskrise«, 27.5.2016

Sehr geehrte Damen und Herren,
wie oft wohl wurde die gebetsmühlenartig wiederholte »Erkenntnis« der Bundeskanzlerin Merkel publiziert, man müsse zur Lösung der »Flüchtlingskrise« die »Fluchtursachen bekämpfen«, und deren wichtigste sei nun mal »der Krieg«? Nicht anders tönte es mithilfe der *ARD-aktuell* vom G7-»Gipfeltreffen« im japanischen Ise-Shima. Dass dort auch einige Mitverantwortliche und Kriegsverursacher zu Tische saßen, vermeldete *ARD-aktuell* wohlweislich nicht – trotz aller Verpflichtung zu Wahrhaftigkeit und Sachlichkeit.

Entspricht es auch Ihrem Verständnis von staatsvertragskonformer Nachrichtengestaltung, dass in *Tagesschau*, *Tagesthemen* und allen übrigen Formaten von *ARD-aktuell* lediglich offizielle Verlautbarungen und deren regierungskonforme Interpretation von der Gipfelhöhe gesendet werden, nicht aber Informationen über dazugehörige wesentliche Fakten? Obwohl die Kernaufgabe für *ARD-aktuell* doch lautet: »Ziel aller Informationssendungen ist es, sachlich und umfassend zu unterrichten und damit zur selbständigen Urteilsbildung der Bürger und Bürgerinnen beizutragen.« (§8 NDR-Staatsvertrag)

Als klassisches Beispiel für kritikwürdig unvollständiges Auftragsverständnis mag diesmal die 20-Uhr-Ausgabe der *Tagesschau* vom 27. Mai 2016 dienen; die übrigen *ARD-aktuell*-Angebote wiesen natürlich alle den gleichen strukturellen Mangel auf, über den wir hier Beschwerde führen: Die Sanktionspolitik gegenüber Syrien, weitere Hauptursache der »Flüchtlingskrise«, blieb unerwähnt, obwohl es an diesem Tag einen aktuellen und bedeutenden Anlass gab, über den hätte berichtet werden müssen. Dazu weiter unten mehr. Hier zunächst *Tagesschau*-Zitate, angefangen mit Studio-Sprecher:

> »Vor seinem Besuch in Hiroshima hatte US-Präsident Obama mit den Staats- und Regierungschefs der sieben führenden Industrienationen über Maßnahmen zur Stützung der Weltkonjunktur beraten. Weitere Themen dieses G7-Treffens in Ise-Shima waren die Bewältigung der Flüchtlingskrise und die Bedrohung durch den internationalen Terrorismus. Obwohl keine konkreten Beschlüsse gefasst wurden, zeigte sich Bundeskanzlerin Merkel mit den Ergebnissen zufrieden.«

Die Kanzlerin sehe in dem Gipfel einen Erfolg, heißt es in Uwe Schwerings anschließendem Korrespondentenbericht, O-Ton:

> »… erstens, weil es ihn gibt, zweitens, weil sie in der Flüchtlingskrise Unterstützung bekommt, denn die Fluchtursachen in den instabilen Staaten will die G7 bekämpfen.«

Damit schwimmt *ARD-aktuell* wie immer mitten im Mainstream der Medien:

> »Die sieben großen Industriestaaten sehen die Flüchtlingskrise als globales Problem und plädieren für eine Entlastung auch von Deutschland. Die Kanzlerin ist zufrieden.« (Zeit online, 27.5.2016)

Kritischere Betrachtungen, die auch Sache der *ARD-aktuell* hätten sein müssen, kamen hingegen zu diesem Ergebnis:

> »USA, Japan und Kanada haben die Aufnahme von Asylsuchenden abgelehnt. Finanzhilfen wurden ebenfalls ausgeschlossen. Über den Krieg als wichtigste Fluchtursache wurde am G7-Gipfel in Japan erst gar nicht gesprochen.« (www.epochtimes.de, 27.5.2016)

Wir wollen an dieser Stelle keine Spekulation mehr anstellen, welcher der o.g. Berichte der »Gipfel«-Realität am nächsten kam. Die staatsvertragsverletzende Arbeitsweise bei *ARD-aktuell* lässt sich vielmehr am Ignorieren einer zusätzlichen Nachricht belegen, die nicht von den kommerziellen Agenturen angeboten wurde, sondern von der (italienischen) agenzia fides, Organo di informazione delle Pontificie Opere Missionarie dal 1927, einem Informationsdienst der Katholischen Kirche:

> »Appell an Linke und Katholiken: Syrischer Klerus fordert Ende der Sanktionen. Während sich die katholischen Hilfswerke und Die Linke mit Nachdruck zum Einsatz für Flüchtlinge bekennen, rufen kirchliche Würdenträger aus Syrien dazu auf, die Sanktionen gegen ihr Land unverzüglich aufzuheben und die Bevölkerung nicht länger auszuhungern.«[35]

Das zuerst auf der Petitionsplattform *change.org* veröffentlichte Schreiben – italienischer Titel : »Basta sanzioni alla Siria e ai Siriani« – wurde unterzeichnet von:

> Georges Abou Khazen, Apostolischer Vikar von Aleppo | Pierbattista Pizzaballa, Kustos emeritus des Heiligen Landes | Josef Tobji, Erzbischof der Maroniten von Aleppo | Boutros Marayati, Armenischer Bischof von Aleppo | Die Schwestern der Kongregation des heiligen Josef der Erscheinung des Krankenhauses »Saint Louis« von Aleppo | Ordensgemeinschaft der Trappistinnen in Syrien | Dr. Nabil Antaki, Arzt in Aleppo von der Ordensgemeinschaft der Gesellschaft Maria | Die Schwestern der Kongregation der immerwährenden Hilfe – Zentrum für Minderjährige und Waise von Marmarita | Pater Firas Loufti, Franziskaner | Jean-Clement Jeanbart, griechisch-orthodoxer Erzbischof von Aleppo | Jacques Behnan Hindo, syrisch-katholischer Bischof von Hassaké-Nisibi | Mtanios Haddad, Archimandrit der katholisch-melkitischen Kirche | Hilarion Capucci, emerit. Erzbischof der melkitischen

35 »Asia/Siria – La UE conferma le sanzioni. L'Arcivescovo Marayati: soffrirà il popolo, non chi comanda. E c'è chi non vuole che la guerra finisca«, in: www.fides.org, 28.5.2016; vgl. dazu auch: »Appell der Christen in Syrien: EU-Sanktionen treiben Menschen zur Flucht«, in: www.deutsche-wirtschafts-nachrichten.de, 28.5.2016; »›Basta sanzioni alla Siria!‹, una petizione«, in: www.terrasanta.net, 18.5.2016.

griechisch-kath. Kirche | Ignaz Youssef III Younan, Patriarch der unierten syrisch-kath. Kirche von Antiochien | Georges Masri, Prokurator beim Heiligen Stuhl der syrisch-kath. Kirche | Gregor III Laham, Patriarch der melkitisch griechisch-kath. Kirche.[36]

Dem eventuellen Argument, aus kirchlichen Nachrichtendiensten kommende Informationen über die menschenverachtende Syrien-Politik der Bundesregierung seien weniger beachtenswert als das von den kommerziellen Agenturen Gebotene, sei noch vor einer Liste journalistischer Grundsätze der NDR-Staatsvertrag entgegengehalten:

Die sittlichen und religiösen Überzeugungen der Bevölkerung sind zu achten (§ 7, Programmauftrag)

Journalistische Grundsätze, juristische Normen und ethische Prinzipien hätten geboten, ausführlich und nachdrücklich über die Heuchelei in Merkels Politsprüchen und deren Gegensatz zu Merkels politischer Praxis zu informieren. Sie hätten erfordert, dass *ARD-aktuell* umfassend über den parallel zum G7-Gipfel veröffentlichten Appell des syrischen Klerus zur Beendigung der mörderischen Sanktions- und Kriegspolitik berichtet.

Das ist nicht geschehen. *ARD-aktuell* verstößt prinzipiell gegen wesentliche Bestimmungen des Rundfunkstaatsvertrags bzw. des NDR-Staatsvertrags.

21. Reden ist einfach nur Silber, Schweigen ist Blech

Nach dem für den Journalismus sonderbaren Grundsatz, dem zufolge Schweigen Gold sei, handeln die Tagesschau*-Leute dann gerne, wenn es außenpolitisch heikel wird. Da wird eine linksorientierte Präsidentin durch einen Putsch aus dem Amt verdrängt, aber da dieser Putsch den USA in den Kram passt und damit auch dem außenpolitischen Credo der Bundesregierung entspricht, wird er erst einmal einfach weg-geschwiegen.*

36 Eine von Bernd Duschner besorgte deutsche Übersetzung des Appells aus dem Italienischen wurde von *junge Welt* veröffentlicht. (28.5.2016)

Programmbeschwerde: Nachrichtenunterdrückung, 2.6.2016 Keine Informationen zum Staatsstreich in Brasilien

Sehr geehrte Damen und Herren,
am 23. Mai enthüllten die meisten Medien in Lateinamerika Informationen darüber, dass das laufende Impeachment-Verfahren gegen die Staatspräsidentin Dilma Rousseff kein formal einwandfreier politischer Vorgang ist, sondern dass es sich um einen Putsch handelt, den korrupte brasilianische Politiker insgeheim mit der Generalität sowie in Absprache und mit Unterstützung US-amerikanischer Regierungs- und Geheimdienststellen inszeniert haben. Darüber berichtete *ARD-aktuell*, US-konformistisch und politisch abhängig wie gewohnt, mit keinem Wort. Und zwar obwohl Informationen in ausreichender Menge verfügbar waren, verbreitet, u. a. vom lateinamerikanischen TV-Satellitensender Telesur; das ARD-Auslandsstudio in Rio de Janeiro dürfte ebenfalls informiert gewesen sein.[37]

Jedenfalls informierten die ARD-Herrschaften in Rio das deutsche Publikum nicht über den Skandal und auch nicht über den politischen Trend, der sich seither zugunsten Rousseffs entwickelt. Ob das davon kommt, dass die ARD-Korrespondenten im dolce-vita-Rio-de-Janeiro Büro und Lebensmittelpunkt haben und nicht in der Hauptstadt Brasília, wo die politische Musik spielt, mag unerforscht bleiben. Zur Kenntnis nehmen sollten sie und damit auch die Zentralredaktion in Hamburg allerdings das bestens informierte Internet-Portal *Brasil247*. Danach ist die suspendierte Präsidentin Rousseff längst »aus der Intensivstation heraus«[38].

Die Putschmedien hatten zuvor Dilmas Zustimmungswerte auf 18 % herunterpubliziert. Trotz des anhaltenden Dauerfeuers der unter US-Einflüssen stehenden brasilianischen Mainstream-Medien genießt Rousseff nun bereits wieder Zustimmungswerte bei 33 %.

37 Vgl. Haneul Na'avi: Get Real: Petrodollars, Not Corruption Is the Reason for Brazilian Coup, www.telesurtv.net, 27.5.2016.

38 »Dilma deixou a UTI«, www.brasil247.com, 29.5.2016.

Das beweist, dass die Palastrevolutionäre es nicht schaffen, dem Land ihre Version der Dinge aufzuschwatzen.

Folgen im Sinne einer informativen Berichterstattung seitens der ARD-*Tagesschau* hatte das allerdings nicht. Der Publizist Paul Schreyer schrieb über das deutsche Schweigekartell, dem neben *ARD-aktuell* auch das ZDF und die meisten Konzernmedien angehören:

> »Dass der Machtwechsel, der sich Mitte des Monats in Brasilien ereignete, kein normaler politischer Prozess, sondern tatsächlich ein reaktionärer Putsch war, belegt ein in dieser Woche veröffentlichtes Protokoll eines im März heimlich aufgenommenen Gesprächs zwischen Romero Jucá, seit Mai Planungsminister der neuen konservativen Übergangsregierung, und einem Manager des Ölkonzerns Petrobras.
>
> Das vertrauliche Gespräch fand statt, bevor die gewählte Präsidentin des Landes, Dilma Rousseff, durch ein fragwürdiges juristisches Verfahren Mitte Mai vorläufig entmachtet wurde.
>
> Das Gesprächsprotokoll erschien in Auszügen zuerst am Montag dieser Woche in einer der größten Tageszeitungen Brasiliens, *Folha de São Paulo.*«[39]

Der in Brasilien lebende Investigativjournalist und Snowden-Vertraute Glenn Greenwald regte an, dass die Medien nun rasch überlegen müssten, ob man angesichts der vorliegenden Enthüllungen nicht klar von einem »Coup«, einem »Putsch«, sprechen müsse:

> »Diese Intrige sieht aus wie ein Coup, klingt wie ein Coup und riecht auch wie einer: die Kooperation des Militärs und der mächtigsten Institutionen zu sichern, um einen demokratisch gewählten Führer abzusetzen, aus Eigeninteresse, korrupten und gesetzlosen Motiven, um dann eine Oligarchen-Agenda durchzusetzen, welche die Bevölkerung verachtet.« (zit. n. Schreyer, a. a. O.)

39 Paul Schreyer: Das Schweigen zum Putsch in Brasilien, www.nachdenkseiten.de, 27.5.2016; vgl. auch Harald Neuber: Abhörskandal belegt Putsch in Brasilien, www.heise.de, 25.5.2016; Rubens Valente: Em diálogos gravados, Jucá fala em pacto para deter avanço da Lava Jato, www1.folha.uol.com.br, 23.5.2016

Auf diese ersten Artikel folgte am Dienstag die *New York Times* mit einem Bericht, in dem es hieß, dass das Protokoll eine Intrige oder Verschwörung nahelege. (NYT, 23.5.2016)

Schreyer fragt: »Was machten nun die deutschen Medien daraus?« Das fragen wir uns mit Blick auf *ARD-aktuell* allerdings auch. Und wir reichen die Frage in Form einer Programmbeschwerde an Sie weiter. Schließlich hat *ARD-aktuell* laut Staatsvertrag dem Publikum einen »umfassenden Überblick über das Weltgeschehen« zu geben. Dr. Gniffke sollte also Gelegenheit bekommen, zu erklären, weshalb ein Putsch im fünftgrößten Land der Erde, in der achtgrößten Volkswirtschaft der Welt, aus seiner Sicht kein markanter Teil des Weltgeschehens ist und es deshalb keiner laufenden journalistischen Beobachtung und informativer Berichterstattung bedurfte.

22. Kanzlerin? Welche Kanzlerin?

Keines der kostbaren Worte der Kanzlerin entgeht der Tagesschau *im Normalfall. Aber einmal muss die Redaktion die Kanzlerin für unnormal gehalten haben. Da hat die Frau einfach mal eine aus Umfragen bekannte Wirklichkeit erwähnt, nämlich den Glaubwürdigkeitsverlust der deutschen Medien, und sich Sorgen gemacht. Aber dieser Realitätssinn ging den Nachrichtenherstellern der ARD dann doch zu weit. Die Frau, die sonst eher im Zentrum der Anbetung steht, war für kurze Zeit einfach nicht existent.*

Programmbeschwerde:
Kanzlerinnen-Kritik unterschlagen, 3.6.2016

Sehr geehrte Damen und Herren,
Bundeskanzlerin Angela Merkel (CDU) hat sich besorgt über den Glaubwürdigkeitsverlust der Medien geäußert. 60 Prozent der Bürger hätten laut Umfragen »wenig oder gar kein Vertrauen in die Medien«, sagte Merkel am Donnerstag bei der CDU-Veranstaltung »Media-Night« in der Parteizentrale in Berlin. Sie betonte: »Das muss uns alle unruhig stimmen.«

Dr. Gniffke und Sie, seine beifälligen Rundfunkräte, fühlen sich hingegen ersichtlich ganz und gar nicht beunruhigt, weil er und Sie meinen, *ARD-aktuell* beweise Qualitätsjournalismus – staatsvertragsgemäß und fehlerfrei. Sie geben sich als nicht von der Kanzlerin angesprochen. Sehr zu Unrecht, wie wir unzählige Male belegt haben.

Die selbstgerechte Attitüde ist wohl auch der Grund, warum die Redaktion meinte, über die Kanzlerinnenkritik erhaben zu sein und sie einfach unterschlagen zu können, als ob es nicht von wesentlicher Bedeutung für das Funktionieren der demokratischen Gesellschaft wäre, dass eine Bevölkerungsmehrheit, die Fachwelt und nunmehr sogar die Regierungschefin den Leitmedien massiven Vertrauensverlust attestiert; auch wir haben immer wieder warnend darauf hingewiesen.

Wieder einmal erweist sich *ARD-aktuell* unfähig, wichtige Informationen aus dem Überangebot an Nachrichten auszuwählen und die Meldungen angemessen zu gewichten. Ellenlang berichten *Tagesschau* & Co. über kleine Krisen in Eriwan, Überfälle in Brasilien, belanglose Themen aus Georgien, Selbstlob aus dem Kanzleramt, Königshaus-Festivitäten aus Saudi-Arabien. Aber das, was sie selber betrifft – fundamentale Medienkritik, sogar von der Kanzlerin aufgegriffen –, wird unterschlagen.

ARD-aktuell verletzte mit dem mutmaßlich sehr bewussten, absichtlichen Weglassen der Merkel-Äußerungen die Programmrichtlinien, es sieht ganz danach aus, dass die Redaktion den Verstoß gegen den Staatsvertrag bewusst in Kauf nahm, um das Problem der Medienkrise nicht gar zu intensiv ins öffentliche Bewusstsein zu rücken. Betonen möchten wir, dass andere Mainstream-Medien ihrer Berichtspflicht nachgekommen sind, obwohl auch für sie die Äußerungen der Bundeskanzlerin unangenehm gewesen sein dürften.

23. Ein Dementi als Ende der Recherche

Ordentlicher Journalismus kann über Dementis von Betroffenen nur milde lächeln. Wenn zum Beispiel ein erkannter Mörder sagt »Ich war's nicht!«, dann sagt der gute Journalist: »Das wollen wir doch mal sehen!« Aber bei der ARD sieht man das offenbar anders. Wenn zum Beispiel die Bundeswehr sagt: »Unser Dementi ist das Ende der Fahnenstange«, dann hält die ARD-aktuell-*Redaktion das für die pure Wahrheit.*

Eingabe nach § 13 NDR-Staatsvertrag: Deutsche Soldaten in Syrien, 16.6.2016

Sehr geehrte Damen und Herren,
ein Vorteil unserer kritischen Programmbegleitung und der vielen daraus resultierenden Programmbeschwerden besteht darin, dass unser Publikum und wir einen nachhaltigen Eindruck davon bekommen, wie opportunistisch *ARD-aktuell* seine Informationsquellen nutzt, und wie skrupellos die Redaktion das Informationsbedürfnis der Gebührenzahler missachtet.

Etwa 50 bundesdeutsche Soldaten seien in der nordsyrischen Stadt Manbij in der Provinz Aleppo verdeckt im Einsatz, teilte die in England ansässige »Syrische Beobachtungsstelle für Menschenrechte« (SOHR) mit, davon seien 20 Soldaten als Militärberater tätig.

Berlin hatte diese Meldungen dementiert.

Die Regierung in Damaskus verurteilte die Anwesenheit französischer und deutscher Spezialkräfte in den Gebieten Ain al-Arab und Manbij und erklärte, dass es für einen derartigen Einsatz keine Rechtfertigung gebe. Diese Präsenz fremder Truppen stelle zudem eine klare Verletzung der Souveränität des Landes dar, fügte die syrische Nachrichtenagentur SANA am 15. Juni unter Berufung auf eine Quelle im Außenministerium hinzu.

Üblicherweise verbreitet *ARD-aktuell* Meldungen der obskuren »Beobachtungsstelle« unabhängig vom Wahrheitsgehalt. Das alleinige Auswahl-Kriterium der Redaktion besteht ersichtlich darin, ob eine Meldung die Position der krampfhaft verharmlosten Rebellen/Terroristen stützt oder ob sie der syrischen Regierung bzw. deren russischen Verbündeten schadet.

Selbst offenkundige Falschinformationen verbreitet *ARD-aktuell* und wäscht dabei mit der Anmerkung »die Meldungen sind nicht überprüfbar« die Hände in Unschuld. Es ist die längst salonfähig gemachte Methode, sich der eigenen journalistischen Verantwortung zu entziehen. Und der anpasserischle NDR-Rundfunkrat duldet diese Form der Schein-Objektivität.

In dem hier angesprochenen Fall ist die Nachricht der SOHR, deutsche Soldaten seien an den Kämpfen beteiligt, glatt unterdrückt worden, obwohl eine weitere Quelle, nämlich die syrische Nachrichtenagentur SANA, sie bestätigte. Bei zwei unterschiedlichen – hier sogar politisch konträr orientierten – Quellen hätte die Meldung nach journalistischen Grundsätzen und auch den *ARD-aktuell*-Gepflogenheiten gemäß auf jeden Fall gesendet werden müssen, auch wenn die Bundeswehr als »beschuldigte« Partei die Anwesenheit der Soldaten dementierte.

Informationen über Einsätze des Sonderkommandos Spezialkräfte, KSK, hat die Truppe übrigens noch nie preisgegeben, die Herrschaften morden im Geheimen. Was Dementis aus dem Hause v. d. Leyen wert sind, ist seit Bekanntwerden der eigenmächtigen, unter Führung eines Bundeswehr-Obersten in der Ostukraine gescheiterten Spionageaktion klar, die das Berliner Kriegsministerium fälschlich als OSZE-Militärbeobachtermission ausgegeben hatte. Bei dieser Lüge blieb die Ministerin trotz des offiziellen Widerspruchs der OSZE. Die Information von einer neuen verdeckten Bundeswehroperation im syrischen Kriegsgebiet – ohne Beteiligung des Parlaments und unter Bruch des Völkerrechts sowie des Grundgesetzes – hätte in jedem Fall höchsten Nachrichtenwert gehabt – für eine seriös arbeitende Redaktion. Für Dr. Gniffkes Qualitätsjournalisten offenkundig nicht.

Die gaben sich mit dem Bundeswehr-Dementi zufrieden. Das macht den Eindruck völliger Abhängigkeit der Redaktion von den Darstellungsbedürfnissen der Bundesregierung. Berlin hat natürlich Interesse daran, eine derart brisante Geschichte nicht bekannt werden zu lassen und macht die Schotten dicht. Folgerichtig lässt auch Dr. Gniffke seine Qualitätsjournalisten schweigen.

Nach unserer Auffassung liegt ein Fall von Nachrichtenunterdrückung vor und damit ein massiver Verstoß gegen die Programmrichtlinien.

24. Weit hinter der Scham-Grenze

ARD-aktuell *würde sich doch nie auf das Niveau des Boulevard-Journalismus herablassen. Denkt man, was man auch sonst über sie denken mag. Nie würde die Redaktion zum Beispiel ein hilfloses, traumatisiertes Kind öffentlich zur Schau stellen. Denkt man. Bei aller Kritik an den Journalisten von* ARD-aktuell, *aber sie kennen doch so etwas wie das »Recht am Bild«, jene auch juristisch fixierte Grenze, die das Recht der informationellen Selbstbestimmung festlegt. Denkt man. Denkste.*

Programmbeschwerde: *ARD-aktuell* aktiver Teilnehmer am Propaganda-Krieg, *Tagesthemen*, 18.8.2016

Sehr geehrter Herr Intendant Marmor,
in den *Tagesthemen* am 18.8.2016 behandelte Moderator Thomas Roth das Kriegsgeschehen im syrischen Aleppo u.a. so:

> »Uns erreichen immer wieder Bilder aus dieser Stadt, manche veröffentlichen wir, andere veröffentlichen wir nicht, denn der Krieg wird auch mit Bildern geführt.«

Stimmt, auch *ARD-aktuell* wirkt bei dieser Kriegsführung unbekümmert mit. Roth leitete mit seiner Plattitüde ein Video ein, mit dessen Veröffentlichung *ARD-aktuell* auf »betroffen« machte und doch nur die eigene Hemmungslosigkeit bloßlegte.

Wir erheben Programmbeschwerde.

Darstellung
Ein fünfjähriger Junge wird aus den Trümmern eines Hauses geborgen und in einen Krankenwagen gebracht, wo das verletzte Kind dann ausgiebig von zehn Fotojournalisten gefilmt wird. Niemand fühlt sich bemüßigt, dem armen, höchstwahrscheinlich schwer traumatisierten Kleinen sofort zu helfen. Er ist nur noch wehrloses Objekt der Sensationsgier, nichts anderes, sogar seiner Persönlichkeitsrechte aufs eigene Bild beraubt; da das ein unmündiges Kind trifft, würde nach deutschem Recht ggf. strafbares Handeln nach § 201a StGB und unterlassene Hilfeleistung vorliegen. Mindestens ist das Abbilden und

Senden der Bilder in Bezug auf Herrn Roth mit dem Gafferphänomen bei Unfällen auf deutschen Straßen vergleichbar.[40]

Der Bub muss da sitzen und sich ohne Versorgung und Tröstung filmen lassen – schon an sich eine Ungeheuerlichkeit: Das Leiden eines Kindes wird benutzt, Quote zu machen, und *ARD-aktuell* »quotet« kräftig mit. Widerwärtig! Einziger »Erkenntniswert« dieses Beitrags: Krieg ist schrecklich. Ach ja? Das Video ist in Wahrheit eine bodenlose Verformung des Verständnisses vom Krieg, es überlagert das Nachdenken über ungezählte Opfer, deren Schicksal noch weit grausamer war. Diese Wirkung wird in der Öffentlichkeit lebhaft debattiert, notabene auch auf dem Forum von *ARD-aktuell*.[41]

Ganz zu schweigen von ethischen Erwägungen.[42]

Die ganze Ungeheuerlichkeit des hier kritisierten journalistischen Umgangs mit kindlichem Leid dem deutschen Publikum nicht bewusst zu machen, sondern stattdessen nur auf die Tränendrüsen zu drücken, war Boulevard-Journalismus übelster Sorte und ist ein weiterer Verstoß gegen die Programmrichtlinien, die der NDR-Staatsvertrag vorgibt.

ARD-aktuell hat das Video entweder mittelbar (über die Eurovision) oder unmittelbar (per Kauforder des Kairo-Korrespondenten Volker Schwenck) von dem Aleppo Media Center (AMC) bezogen, einem 2011 gegründeten Verein, in dem sich überwiegend journalistische Propagandisten der Al-Kaida und mit ihr verbündeter Terrororganisationen tummeln und mit ihren Filmchen über Kriegsverbrechen Kasse machen; kleine Kriegsgewinnler an Kriegsgräueln, die sie möglicherweise selbst mit inszenieren bzw. an denen sie passiv, aber komplizenhaft teilnehmen.

Die ARD ist demnach Kunde auf einem Markt für Filme von Kriegsverbrechen und trägt damit zur Produktivitätssteigerung sowie

40 https://twitter.com/moscow_ghost/status/766635566733651968.

41 Vgl. diverse Online-Seiten bzw. Blogs sowie: »Ihre Meinung zu: Syrischer Junge Omran – Russland sieht einiges anders«, https://meta.tagesschau.de, 19.8.2016.

42 Alle deutsche Medien zeigen das Foto vom verstörten syrischen Jungen. Warum gibt es keine Ethikdebatte?, www.meedia.de, 19.8.2016.

zur Profitvermehrung zugunsten der Videomacher bei. Ob das nur aus Mangel an Nachdenklichkeit geschieht, aus Gleichgültigkeit oder aus gewissenlosem Interesse am eigenen Vorteil (»Quotenmacherei«) ist unerheblich. Kritische Beobachter nennen diese widerwärtigen Produzenten inszenierter Kriegsvideos (die mit der Kriegsberichterstattung eines Scholl-Latour nichts, aber auch gar nichts gemein haben) »Killerfreunde« und »Sprachrohre von Terroristen«.[43]

Weder hat *ARD-aktuell* selbst verifiziert, ob es sich bei dem verletzten Kind um ein Bombenopfer handelt – Russland hat mitgeteilt, dass in den fraglichen Stunden keine Luftangriffe auf dieses Quartier in Aleppo geflogen wurden – oder ob das Kind das Opfer von Granatenbeschuss wurde, noch wer Verursacher/Verantwortlicher war, noch wo die Szene tatsächlich aufgenommen wurde. Auch hiergegen richtet sich unsere Programmbeschwerde: Laut Staatsvertrag sind Nachrichten vor der Verbreitung gründlich auf Vollständigkeit und Wahrheitsgehalt zu prüfen. Der Umkehrschluss anständiger Journalisten: Was nicht überprüfbar ist, darf nicht gesendet werden.

Einige der beteiligten Al-Kaida-Sprachrohre dieses AMC-Vereins sind aktiv Mitwirkende an widerwärtigen Medienangeboten, mit denen alle Terroristen, nicht nur der IS, weltweit eigene bzw. die Untaten angeblicher Dritter publizieren und propagieren.

Von Fadi al Halabi[44] bezieht auch ARD-Korrespondent Volker Schwenck (ARD-Büro Kairo) Filmmaterial. Ein anderer im AMC ist Mahmoud Raslan, der Autor des hier in Rede stehenden Videos mit dem Fünfjährigen. Raslan wird nicht nur als ein »begeisterter Jabhat al Nusra Fan« beschrieben, er steht auch im Verdacht, im Juli ein passiv Mitwirkender bei der Enthauptung eines zwölfjährigen Buben gewesen zu sein, möglicherweise sogar dieses grauenhafte Verbrechen selbst aus nächster Nähe und ausgiebig gefilmt zu haben.[45]

---

43 Vgl. u. a. »Aleppo boy on orange ambulance seat: Latest staged ›White Helmets‹ PR stunt«, https://uprootedpalestinians.wordpress.com, 19.8.2016.

44 Fadi al Halabi ist Kameramann, häufig an der Seite der Al-Nusra-Front.

45 Vgl. Moritz Baumstieger: Krieg in Syrien: Der Mann, der den kleinen Omran fotografiert hat, gerät in den Fokus, www.sueddeutsche.de, 19.8.2016.

Auf einem Bild vom 5. August trägt er dasselbe auffällige T-Shirt wie in der neuen Geschichte aus Aleppo, er posiert da grinsend mit Kämpfern der Zenki-Miliz. Zwei der Männer auf diesem Bild sind zweifelsfrei auch auf anderen Fotos zu identifizieren, die traurige Berühmtheit erlangten: Sie machten bei der Enthauptung eines schmächtigen Zwölfjährigen mit, den sie beschuldigten, ein »Kindersoldat« des Präsidenten Assad gewesen zu sein.[46]

Dass Vertreter der ARD mit solchem Pack geschäftlichen Umgang pflegen, gilt in diesem gebührenfinanzierten Verbund bereits als völlig normal: Der Informationsdirektor des SWR, Hauser, gab es uns schriftlich, dass man die Informationen dieser Al-Kaida-nahen Figuren als »zuverlässig« einstufe; Herr Schwenck wählt nach eigenem Bekunden ein AMC-Mitglied als Quelle, weil er sonst nichts über Ost-Aleppo berichten könne.[47]

Angebote aus diesem AMC-Dunstkreis zu kaufen, statt selbst sauber und seriös Filmdokumente über den Krieg zu erarbeiten, ist eine Ungeheuerlichkeit, der Gipfel journalistischer Verkommenheit.

Über das sonstige Kriegsgeschehen wird in dem hier kritisierten *Tagesthemen*-Bericht selbstverständlich auch nicht umfassend informiert, wie sich bei Lektüre von kritischen Internet-Angeboten herausstellt.[48] Auf *tagesschau.de* heißt es reißerisch:

> »Ein kleiner Junge, verletzt und von Staub bedeckt, wird in Aleppo in einen Krankenwagen gesetzt. Verstört wischt er sich den Dreck aus seinem blutverschmierten Gesicht, er wirkt benommen: Es ist dieses Bild, veröffentlicht von einem oppositionellen Medienbüro, das derzeit in den sozialen Medien rund um die Welt geteilt wird.«[49]

---

46 Vgl. u. a.: Steffi Dobmeier: Zweifelhafte Kontakte: Fotograf aus Aleppo steht im Fokus, in: Berliner Morgenpost, www.morgenpost.de, 20.8.2016; Brad Hoff: Photographer Of Viral »Boy in the Ambulance« Image Has Skeletons in his Own Closet, www.informationclearinghouse.info.

47 Vgl. Maren Müller: Zwischen Feindbild und Wetterbericht, https://publikumskonferenz.de, 6.5.2017.

48 »Propaganda und Politik im Anti-Terror-Kampf in und um Aleppo«, https://nocheinparteibuch.wordpress.com, 19.8.2016.

49 »Ein Bild, das berührt«, www.tagesschau.de, 18.8.2016.

ARD-aktuell hat es offenkundig bis heute versäumt, seinen Lieferanten, den AMC, auf Seriosität zu überprüfen und gründlich zu ermitteln, wer dort wofür geradezustehen hätte. Den AMC schönfärberisch als »oppositionelles Medienbüro« zu bezeichnen und ihn nicht einen Propagandisten-Club für potentielle und tatsächliche Kriegsverbrechen zu nennen, damit vertuscht *ARD-aktuell* das eigene ethische Versagen. Das Interesse scheint lediglich »geilen« Kriegsbildern zu gelten. Auch hiergegen richtet sich unsere Programmbeschwerde.

25. Abbruch journalistischer Regeln

Selbst wenn sie Nachrichten gern als parteiische Verlautbarungen inszeniert, sind offenkundige Unwahrheiten bei der Tagesschau *doch eher selten, man hat es dort lieber ein wenig eleganter. Aber beim Krieg gegen Syrien, in dessen Zusammenhang die Bundesregierung schon früh verkündet hatte, dass der Staatspräsident »weg« müsse, und durchgängig unterschlagen wird, dass das Eingreifen Russlands und seiner Luftwaffe durch das Völkerrecht gedeckt ist, fielen dann gelegentlich doch die letzten Schamgrenzen. So konnte die* Tagesschau *in dieser Programmbeschwerde auch schon einmal bei einer direkten Unwahrheit ertappt werden.*

Programmbeschwerde: Bewusste Falschinformation Tagesthemen, 19.10.2016

Werte Damen und Herren Rundfunkräte, werter Herr Intendant,
im Zuge der Berichterstattung über das Berliner Treffen von Bundeskanzlerin Merkel mit dem russischen Präsidenten W. Putin am 19. Oktober 2016 fragte (wie von ihr gewohnt in verkorkstem Deutsch) *Tagesthemen*-Moderatorin Caren Miosga während eines Schaltgesprächs mit Thomas Baumann, ARD-Studio Berlin:

> »Erklären Sie uns, wie wir das zu verstehen haben: Russland kündigt die Gespräche mit den Amerikanern auf, und zwar an dem Tag, an dem sie mit der Kanzlerin und ihrem Außenminister zusammensitzen.«

Daraufhin Baumann:

»Wenn sich der russische Außenminister Sergej Lawrow weigert, direkt über Syrien mit seinem US-Amtskollegen Kerry zu sprechen (…)«.

Nicht Russland hat die Gespräche mit den USA aufgekündigt. Sondern die USA haben die Gespräche mit Russland abgebrochen.

Nicht einmal wir kritische Zuschauer haben uns bis dahin vorstellen können, dass der Beleg für eine so massive Faktenverdrehung, eine *Tagesthemen*-Falschdarstellung, bei *ARD-aktuell* selbst zu finden sein würde. *Tagesschau*-Sendung vom 15. Oktober 2016, nur vier Tage vorher: »Zuletzt hatten die USA die direkten Gespräche abgebrochen.«

Die Zitate aus der *Tagesthemen*-Sendung vom 19. Oktober sind nicht als Irrtum, als Versehen zu erklären. Solche Falschdarstellungen zeigen Absicht, sie sind aktive Propaganda, ein Verstoß gegen die Programmrichtlinien des Staatsvertrags.

Da seitens der Redaktion *ARD-aktuell* in Hamburg nichts zur Korrektur unternommen wurde, auch nicht in späteren Sendungen, liegt eben darin, im Nichtstun, ein weiterer Verstoß gegen Programmauftrag und Programmrichtlinien, gegen den wir hier ausdrücklich Beschwerde führen.

Beim 4. Evangelischen Medienkongress vom 12./13. Oktober in Hamburg erklärte *ARD-aktuell*-Chefredakteur Kai Gniffke (Hamburg), die *Tagesschau*

»erhebt keinen Anspruch auf Unfehlbarkeit – auch wenn ihr das immer wieder unterstellt wird.«[50]

Wir unterstellen im hier beklagten Fall, dass *ARD-aktuell* in der Attitüde der Unfehlbarkeit eine erweisliche Falschinformation nicht widerruft und sich nicht selbst korrigiert.

50 ›Tagesschau‹-Chefredakteur: Kein Anspruch auf Unfehlbarkeit, in: Katholische Nachrichten, www.kath.net, 17.10.2016.

26. Die Rente ist sicher – fragt sich nur: Wessen Rente

Während manche Nachrichtenmanipulationen der Tagesschau *auf deren Regierungsnähe zurückzuführen sein mögen, gibt es auch Nachrichtenbearbeitungen, die zusätzlich dem sozialen Abstand zwischen einem* Tagesschau-*Redakteur und einem Großteil seines Publikums geschuldet sein dürften. Vermutlich werden der Chefredakteur von* ARD-aktuell *und seine KollegInnen wohl kaum über drohende Altersarmut klagen müssen. Vielleicht erklärt es sich damit, dass die Legende, die Demografie sei schuld an künftigen Rentenproblemen, mir nichts, dir nichts in das »Wording« der Redaktion übernommen wird.*

Programmbeschwerde zur Rentenberichterstattung von *ARD-aktuell*, 5.12.2016

Sehr geehrte Damen und Herren,
die Behauptung, es gebe ein demografisch bedingtes Rentenproblem, das nur mittels Beitragserhöhungen oder Leistungsabsenkungen zu lösen sei, ist eine Lüge. Sie kann sich nur dank tatkräftiger Mitwirkung der Staats- und der korporierten Massenmedien am Leben halten, ihr wichtigster Verbreiter ist *ARD-aktuell*. Ständige Wiederholung macht sie zwar nicht faktisch wahr, aber sie blockiert einen breiten gesellschaftlichen Diskurs: darüber, dass das gegenwärtige Rentenproblem gewollt ist und über lange Jahre absichtlich herbeigeführt wurde.

Unsere Programmbeschwerde richtet sich konkret gegen den jüngsten *ARD-aktuell*-Beitrag zur Stabilisierung des Lügengebäudes. Wieder einmal berichtet die Redaktion unvollständig, einseitig und desinformativ über das Problem der Rente, ganz im Sinne der Bertelsmann Stiftung und der kommerziellen Versicherungslobby. Unterschlagen werden, wie gewohnt, gegenläufige Informationen, die für eine umfassende Darstellung erforderlich wären und dem Publikum ein angemessenes Verständnis der komplexen Problematik erst ermöglichen würden.

Sachkundige Analysen lässt *ARD-aktuell* weitgehend außer Betracht, beispielhaft steht dafür der Umgang mit der Untersuchung

… ist möglich« der DGB-Gewerkschaft ver.di …rdi.de).

… zeigt sich das in populistisch-flottem, oberflächlichem …urnalistendeutsch:

…ierten vier Arbeitnehmer einen Rentner. Heute sind … drei. Weil sich diese Entwicklung weiter fortsetzt, fragen s… viele junge Menschen: Wie sicher ist die Rente? Denn um das heutige Niveau zu halten, müsste der Staat massiv zuschießen.«

Der Sozialwissenschaftler Egbert Scheunemann stellt angesichts dieser plakativen Simpelei einige sehr berechtigte Fragen:

»Und warum wird hier nicht gesagt, dass das deutsche BIP zwischen 1995 und 2015 von knapp 1,9 Billionen Euro auf über 3 Billionen Euro gestiegen ist – also viel schneller als der Anteil der Rentner an der Gesamtgesellschaft oder auch nur in Relation zur Erwerbsbevölkerung? Warum wird nicht gesagt, dass unsere Gesellschaft auch in den 1950er, 60er, 70er etc. Jahren gealtert ist … Warum wird nicht gesagt, dass dann, wenn aus den Zuwächsen (BIP-Wachstum) immer mehr in Richtung der Gruppe der Rentner umverteilt wird, alle immer mehr bekommen … Und welches denk- und moralfähige Wesen könnte etwas dagegen haben, dass alle, in absoluten Größen gerechnet, immer mehr bekommen – auch dann, wenn der prozentuale Anteil, den die Arbeitenden in Form von Rentenbeiträgen oder Steuerzahlungen für die Rentenkassen zahlen, relativ steigt? Denk- und Moralfähige haben nichts dagegen, andere schon. Also solche zum Beispiel, die sagen, dass 25 Prozent für die gesetzliche Rente viel zu viel seien, 18 Prozent für die gesetzliche Rente und sieben Prozent für private, an Profitmaximierung interessierte Rentenversicherer aber völlig okay.«[51]

Alternative Modelle zur Finanzierung einer guten Rente und einer gerechten, auskömmlichen Versorgung im Alter gibt es nicht nur als

---

51 »Chronik des neoliberalen Irrsinns«, PDF unter: www.egbert-scheunemann.de.

abgesicherte Konzepte der Sozialwissenschaft, sondern als gelebte Praxis auch in einigen Nachbarländern (Stichworte: Schweizer Modell, skandinavisches Modell). Nur unsere Neocons in Berlin und die ihnen gefügig folgenden Mainstream-Medien verhindern eine Diskussion über grundlegende Änderungen und Verbesserungen des deutschen Rentensystems. Hierzulande ist der Dienst an den Profitinteressen der Versicherungswirtschaft diskursleitend, und daran wirkt *ARD-aktuell* nach Kräften mit.

Am vorliegenden Beitrag zeigt sich erneut dieser Gleichschritt von *ARD-aktuell* und herrschenden Funktionseliten. Das »Informations«angebot der Redaktion ist weit entfernt davon, auf die tatsächlichen Probleme auch im Interesse der zukünftigen Rentenbezieher einzugehen. Nicht einmal der Fakt, dass die gegenwärtigen und vor allem die künftigen Rentner den bedeutendsten Anteil an der Finanzierung des öffentlich-rechtlichen Rundfunks zu leisten haben, bewegt dieses Institut zu versachlichender Informationsarbeit.

Dass *ARD-aktuell* systematisch und einseitig nur Stimmen zu Wort kommen lässt, die das Märchen vom Rentenrisiko propagieren, wird auch am Interview mit dem »Experten« Ragnitz des IFO-Instituts deutlich. Dieses Institut, nach Vereinsrecht gestaltet, wird zu zwei Dritteln aus Steuermitteln finanziert, der Rest kommt aus sogenannten Drittmitteln, die zumeist aus öffentlichen Aufträgen an Privatfirmen stammen. Eine unabhängige und neutrale Quelle sprudelt hier ganz gewiss nicht, alleinige Bezugnahme auf IFO ist lediglich Ausdruck von Einseitigkeit und regierungsfrommem Konformismus.

Die Berichterstattung der *ARD-aktuell* über die Rentenproblematik ist propagandistisch, einseitig, ein Verstoß gegen die Programmrichtlinien.

Dort heißt es u.a.: »Die ARD hat bei der Erfüllung ihres Auftrags die Grundsätze der Objektivität und Unparteilichkeit der Berichterstattung, die Meinungsvielfalt sowie die Ausgewogenheit der Programme und Angebote zu berücksichtigen.«

Die *Tagesschau*-Berichterstattung über die Rente erfüllt diese gesetzliche Verpflichtung nicht.

27. Putin gewinnt deutsche Wahlen

Schon im unerwarteten Ergebnis der US-Präsidentschaftswahlen – die von der Tagesschau *favorisierte Hillary Clinton hatte verloren – konnte sich* ARD-aktuell *die eigene Prognose-Niederlage nur mit Einflüssen von außen erklären: Putin war's! Vielleicht um für unliebsame Überraschungen bei den kommenden Bundestagswahlen eine Vorab-Erklärung zu liefern, referierte die* Tagesschau *schon einmal prophylaktisch, gestützt auf eine Warnung des »Bundesamtes für Sicherheit in der Informationstechnik«, über zu befürchtende Hackerangriffe: Keine Beweise werden von diesem Amt durch keine Argumente gestützt, aber* ARD-aktuell *meldet und meldet und redet.*

Programmbeschwerde vom 10.1.2017: *Tagesschau* zwischen Hybris und Hysterie »Russische Hacker am Werk? BSI warnt Parteien vor Cyberangriffen«, www.tagesschau.de, 20.9.2016

Sehr geehrte NDR-Rundfunkräte, sehr geehrter Herr Intendant, systematisch verzerrt *ARD-aktuell* das Weltbild des deutschen Publikums mit der Vorstellung eines feindselig-aggressiven Russland und dämonisiert dessen Präsidenten Wladimir Putin. Die Bundestagswahl 2017 könne mittels russischer Cyberattacken auf die Meinungsbildung in Deutschland beeinflusst werden, barmt das »Bundesamt für Sicherheit in der Informationstechnologie«, BSI, und beruft sich auf so »zuverlässige«, »unabhängige« und »vertrauenswürdige« Informanten wie die NATO und den Bundesnachrichtendienst, BND. Als ob nicht gerade diese nachweislich dem deutschen Michel schon zur Genüge die Hucke vollgelogen hätten und obwohl sich in den USA ein fundierter Konsens durchsetzt, der die dortigen Cyberangriffe innenpolitischer Gegnerschaft und nicht den Russen zuschreibt, wie nur noch der Kreis um den berüchtigten Senator McCain behauptet. Dennoch: *ARD-aktuell* ignoriert diese Entwicklung, relativiert nicht, gibt keine Zusatzinformationen zur rationalen Einordnung ihrer Horrornachrichten.

Man hat es lieber plakativ, wie schon bei der Berichterstattung über die angeblichen russischen Hackerangriffe im US-Wahlkampf:

»›Persönliche Anordnung Putins‹ – die US-Geheimdienste erheben schwere Vorwürfe gegen den russischen Präsidenten.« (www.tagesschau.de)

Da ist nichts zu weit hergeholt und keine Quelle zu dubios, die *Tagesschau* ist fraglos dabei, wenn das BSI Parteien und Fraktionen vor Ausspähung durch Hacker warnt. Motive für das BSI sind

»Cyberangriffe, hinter denen das Amt eine russische Gruppe vermutet. Der Verdacht: vor der Bundestagswahl könnte die öffentliche Meinung manipuliert werden. Clintons Wahlkampf-Manager steht mit seinem Verdacht nicht allein. Mehrere Experten für Sicherheit im Internet betonten, schon nach Bekanntwerden des Datenklaus im Hauptquartier der Demokraten im April hätten alle Indizien für einen Hackerangriff aus Russland gesprochen. Nach einem Bericht der *New York Times* soll die Spur zum russischen Militärgeheimdienst führen. Auch in Europa hätten die russischen Hacker schon Daten geklaut, sagte der Sicherheitsexperte am King's College in London, Thomas Rid, im Sender PBS: ›Das ist dieselbe Einheit, die im Mai 2015 in das Netzwerk des Deutschen Bundestages eingedrungen ist.‹«[52]

Eine staatliche Behörde »warnt«. Auf Basis blanker Vermutung. Auf »Verdacht«, es »könnte« die Wählermeinung manipuliert werden. Statt auf handfeste Belege beruft das BSI sich ausgerechnet auf Clintons Wahlkampfmanager, auf unbekannte »Experten«, auf eine US-Zeitung, die beweislos von »Spuren« des russischen Militärgeheimdienstes schwadroniert. Und die *Tagesschau* plappert alles unreflektiert und ungeprüft nach. Die Binsenweisheit, dass qualifizierte und so ergebnisreiche Hackerangriffe wie auf die Clinton-Mails nicht zweifelsfrei einem Urheber zuzuschreiben sind – wenn es denn im Fall der US-Demokratischen Partei überhaupt ein solcher Angriff von außen war und kein Verrat von innen –, wurde nicht bedacht.

ARD-aktuell macht sich zur Tröte eines Bundesamtes. Kein Gedanke daran, dass die andauernde antirussische Tendenzberichterstattung

52 Martin Ganslmeier (ARD-Studio Washington): Datenklau bei den US-Demokraten: Hacking-Grüße aus Moskau?, www.tagesschau.de, 26.7.2016.

der *Tagesschau* und aller übrigen Mainstream-Medien von *BILD* bis ZDF sehr viel schlimmer und folgenreicher manipuliert, als es wirkliche russische Hackerangriffe oder Medien je vermöchten.

Michel wird für dumm verkauft, denn der Alarmbericht über zu befürchtendes russisches »Hacking« stellt keine Beziehung her zu den vergleichbaren Aktivitäten zum Beispiel der USA. Gerade das wäre erforderlich für eine fundierte Meinungsbildung: Ist der NSA-Datendiebstahl schon vergessen? Ist der Datenklau der NSA geklärt oder gar unterbunden worden? Oder wird er nicht vielmehr unvermindert fortgesetzt?

Laut NDR-Staatsvertrag (§8, Programmgestaltung) ist sicherzustellen, dass »das Programm nicht einseitig einer … Weltanschauung dient … Ziel aller Informationssendungen ist es, sachlich und umfassend zu unterrichten … Berichterstattung und Informationssendungen … müssen unabhängig und sachlich sein. Nachrichten sind vor ihrer Verbreitung … auf Wahrheit und Herkunft zu prüfen …«.

Wir halten fest: ARD-aktuell befolgt diesen Auftrag nicht.

VI.
Die Ab-Blogger

Von der Halbwahrheit zur Unwahrheit

Er redet mit uns, der große weiße *Tagesschau*-Massah redet mit uns, den Gebührenzahlern draußen im Lande, im Mai 2014: »Es gibt kaum ein Thema, zu dem wir so viel Feedback bekommen haben, wie zur Lage in der Ukraine. Dabei gibt es viele kritische Anmerkungen zu unserer Berichterstattung, die manchem Nutzer zu kritisch gegenüber der Position Russlands erscheint. Ich möchte gar nicht spekulieren, ob es sich dabei um eine Kampagne handelt und wer potenzielle Initiatoren sein könnten«, schreibt der Chefredakteur von *ARD-aktuell*, Dr. Kai Gniffke, im *Tagesschau*-Blog (http://blog.tagesschau.de), dem Instrument der Chefredaktion, um Fragen zu beantworten, auch solche, die kein Zuschauer je gestellt hat. Aber wenn nun irgendwelche Zuschauer jeden Tag ihre Kommentare zu den *Tagesschau*-Sendungen auf *tagesschau.de* abgeben, wenn sich dort zu manchen Themen mehr als 100 Menschen melden, von denen die Mehrheit es auch noch wagt, die Beiträge zu kritisieren, dann muss die mächtige Redaktion den ohnmächtigen Zuschauern schnell noch Antworten erteilen, die sich gewaschen haben. Dazu dient der Blog. Keine Frage: Wenn zum Beispiel im Juni 2016 38,4 Millionen Nutzer auf der *Tagesschau*-Online-Seite waren (ein Jahr zuvor waren es 29 Millionen), dann geht es um ein erstrangiges Feld der öffentlichen Debatte. Dieses Feld überlässt die Anstalt natürlich nicht kampflos ihren Zuschauern.

»Ich möchte gar nicht spekulieren, ob es sich dabei um eine Kampagne handelt und wer potenzielle Initiatoren sein könnten«, schreibt der Chefredakteur in sein elektronisches Poesie-Album und will damit natürlich genau das unterstellen, was er vorgeblich nicht unterstellen will. Und wer die *Tagesschau* kennt, der weiß sofort, wer mit dem »potenziellen Initiator« gemeint ist: Der Russe und seine Trolle. Dass es Zuschauer gibt, die im guten Glauben, etwas an der Voreingenommenheit der Redaktion ändern zu können, der *Tagesschau*-Seite ihre Kritik aus eigenem Antrieb anvertrauen, scheint dort nicht ins Weltbild zu passen.

In der Rubrik »über uns« schreibt der *Tagesschau*-Blog: »Wir wollen Nachrichten hinter den Nachrichten und Einblicke in den Arbeitsalltag bieten.« Das wäre was: Die Nachrichten hinter den Nachrichten lesen zu können. Zu erfahren, wie die Redaktion an ihre Nachrichten kommt, wie sie aus der Fülle der Meldungen das Surrogat herausdestilliert, das sie uns Abend für Abend auf den Bildschirmen präsentiert, das wäre spannend. Zum Beispiel, was sich eine der Blog-Autorinnen, Isabel Schayani vom WDR, wohl gedacht haben mag, als sie in einer Erstaufnahme-Einrichtung für Flüchtlinge geflohene Afghanen fragte: »Könnte es sein, dass unter Euch Flüchtlingen auch Terroristen sind?« Frau Schayani nennt sich selbst »zwanghaft humorvoll« und vielleicht hat sie einen Witz machen wollen. Oder hat sie wirklich angenommen, der angesprochene Flüchtling hätte sich selbst als Terrorist offenbart oder mit dem Finger auf einen anderen gezeigt? Nein, die Journalistin hat einfach nur eine Grundhaltung offenbart: Von nix ne Ahnung, aber über alles reden. Und dazu noch jeder Mangel an Empathie. Und so geht es weiter: »Natürlich denke ich sofort, für wen hat dieser Junge in Afghanistan gekämpft? Sie kommen ja schließlich nicht aus der Schweiz, nicht aus dem Robinson Club, sie kommen aus dem Krieg, und irgendwas haben sie da natürlich auch gemacht.« Du Afghane, Du was gemacht, so ungefähr funktioniert die Gedanken-Brücke. Was die US-Armee oder die Bundeswehr dort »gemacht« haben, um jede Menge Flüchtlinge zu erzeugen, das spielt dann schon keine Rolle mehr.

Für eine Reihe von Redaktionsmitgliedern ist der Verein »Atlantik-Brücke« eine beliebte Adresse. Dieser Club – bedingungsloser Propagandist der NATO, nicht wenige seiner Mitglieder waren in die

CDU-Schwarzgeld-Affäre verwickelt[53], so gut wie alle dürfen als entschiedene USA-Fans bezeichnet werden – schließt eigentlich eine unabhängige journalistische Arbeit aus. Jörg Schönenborn, Fernsehdirektor des Westdeutschen Rundfunks, einer der wenigen namentlich ausgewiesenen Autoren des *Tagesschau*-Blogs, ist Mitglied in dieser illustren Vereinigung. Das erfährt der interessierte Zuschauer allerdings nicht. Das ist so, als würde ein Führungsmitarbeiter des TÜV seine Mitgliedschaft im Verband der Automobilindustrie verschweigen.

Einmal, am Rande einer »Hart aber Fair«-Sendung, brach es aus Jörg Schönenborn heraus: »Ich habe Druck erlebt im vergangenen Jahr bei der Ukraine-Berichterstattung. Da habe ich erlebt, wie wirklich organisierte und interessengeleitete Gruppen Druck auf unsere Berichterstattung machen.« Leider nennt Schönenborn weder Ross noch Reiter. Wer das sein könnte, diese »Gruppen«, und in wessen Interesse sie hätten handeln können, mag uns der Fernsehdirektor nicht anvertrauen. Täte er das, würde die Frage nach den Beweisen auf dem Fuße folgen: Wer so hoch über dem gemeinen Fernsehvolk thront, kann auf die Beweislast ganz souverän auch verzichten: Sollen doch die Zuschauer selbst erraten, wen er meinen könnte. Man vertraut auf jahrzehntelange Konditionierung: Wer wohl außer dem Russen könnte das wohl sein!

Es ist Jörg Schönenborn, der regelmäßig den *ARD-Deutschlandtrend* – die große populäre Umfrage im Auftrag der ARD und von etwa zehn Tageszeitungen, von »Infratest dimap« monatlich hergestellt – in den *Tagesthemen* präsentiert und eine gewisse redaktionelle Verantwortung für die Umfrage und ihr Zahlenwerk trägt. So auch, als im August 2014 der *ARD-Deutschlandtrend* verkündete: »80 Prozent der Deutschen sind davon überzeugt, dass Russland einen großen Teil der Verantwortung für die Eskalation des Konflikts in der Ostukraine trägt. Vor diesem Hintergrund halten 70 Prozent die verschärften Sanktionen der Europäischen Union auch für richtig. 40 Prozent

53 Vgl. Werner Bloch / Matthias Gebauer / Christoph Schult: Toast auf den Spender. Die feine »Atlantik-Brücke«, ein Club zur Vertiefung der deutsch-amerikanischen Freundschaft, war für einige Beteiligte der CDU-Affäre eine ideale Kontaktbörse, in: Der spiegel, H. 6/2000, 7.2.2000.

können immerhin nachvollziehen, dass sich Russland vom Westen bedroht sieht. Das hat eine Umfrage des *ARD-Deutschlandtrends* von Montag bis Dienstag dieser Woche ergeben.« Schönenborn hatte offenkundig keine Fragen an die Umfrageergebnisse der ARD. Obwohl das Umfrage-Ergebnis im März desselben Jahres völlig anders aussah: »38 Prozent der Bürger betrachten den Umfang der bisherigen Sanktionen gegen Russland als angemessen. Ein Drittel (33 Prozent) sind der Meinung, die Sanktionen sollten aufgehoben werden. In der Summe spricht sich somit eine Mehrheit gegen die Ausweitung der Sanktionen gegen Russland aus. Für eine Ausweitung der Sanktionen plädieren 22 Prozent der Bevölkerung«. Vier Monate zuvor waren also 71 Prozent gegen die Ausweitung der Sanktionen. In der Zwischenzeit war die MH-17-Maschine der Malaysia Airlines über der Ukraine abgestürzt, und obwohl es bis heute keinen Beweis für die Urheberschaft des Absturzes gibt, hatten sich die deutschen Medien, mit der ARD an der Spitze, in ihrer großen Mehrheit entschieden, die Russen und ihre Satrapen verantwortlich zu machen. So stellt man gewünschte Umfrageergebnisse her.

Ein Meisterstück des Meinungs-Journalismus liefert *ARD-aktuell*-Chefredakteur Dr. Gniffke im Blog mit einem Kommentar zur Frage »Darf man mit Assad reden?« Um dann auch gleich seine selektive Wahrnehmung zu demonstrieren: »Er (Assad) hat Giftgas eingesetzt, er hat Städte bombardiert, er lässt Menschen aushungern, in seinen Gefängnissen wird gefoltert – und mit so jemandem führen wir ein Interview.« Das alles ließe sich auch von Barack Obama sagen: Er hat in Libyen Städte bombardieren lassen, er hat das Lager Guantanamo weitergeführt, auch und gerade in Syrien war er als Präsident der USA am Aushungern von Menschen beteiligt: Dort, wo seine Bündnispartner unter den »Rebellen« Städte, Stadtviertel und Ortschaften von der Außenwelt abschneiden. Aber das käme dem *Tagesschau*-Chef natürlich nie in den Sinn. Zwar ist der Giftgas-Vorwurf dem früheren US-Präsidenten nicht zu machen. Aber dem Präsidenten Syriens eben auch nicht. Auch Dr. Gniffke konnte wissen, dass der US-amerikanische Journalist Seymour Hersh, bestätigt durch eine Reihe von Geheimdienstleuten, die Verantwortung für den Giftgas-Anschlag der Al-Nusra-Front (jene islamistische Terrorgruppe, die bei *ARD-aktuell* gern unter »Rebellen« fungiert) zugeordnet und dies veröffentlicht hatte. Auch zwei Abgeordnete des türkischen Parlaments, Eren Erdem und Ali Şeker, bestätigen, dass die türkische Regierung in den Schmuggel von Giftgas für syrische Terroristen verwickelt war. Alle konnten es nachlesen, alle konnten es wissen. Wie die ARD auch dies wissen konnte: Die Autoren einer 23-seitigen Analyse des Giftgas-Anschlags in Ghuta – Richard Lloyd, ein früherer UN-Waffeninspekteur, und Theodore Postol, Professor am Massachusetts Institute of Technology (MIT) – kommen zum Ergebnis, dass das Giftgas-Verbrechen nicht von Kräften der syrischen Regierung verübt worden ist.

Zur Medien-Posse um die im ostukrainischen Slawjansk (ukrainisch: Slowjansk) von Vertretern der Volksrepubliken verhafteten vermeintlichen OSZE-Beobachter, die uns auch die *Tagesschau*, Tag für Tag, als unschuldige Märtyrer verkaufte, weiß der ARD-Chefredakteur in seinem Blog zu sagen: »Viele Diskussionen hat es zu dieser Zeit über die Militärbeobachter gegeben und die Frage, ob sie nun ein OSZE-Mandat hatten oder nicht. Man kann die Frage bejahen und verneinen – beides mit guten Gründen.« Diese Retro-Unwahrheit ist schnell zu erkennen, wenn man bedenkt, dass in der ARD lange Zeit nur von Beobachtern und nicht von »Militär«-Beobachtern die Rede war. Und elegant übergeht Dr. Gniffke auch noch ein Interview mit dem OSZE-Sprecher Claus Neukirch, der im österreichischen Fernsehen schlichtweg bestätigt, dass die Festgenommenen nicht im Rahmen einer OSZE-Mission gehandelt hatten. Dr. Gniffke hätte auch mal eben bei *Wikipedia* nachsehen können: »Am 25. April 2014 wurden neben einigen Militärs anderer Länder drei Soldaten vom Zentrum für Verifikationsaufgaben der Bundeswehr sowie ein ziviler Sprachmittler durch einen Separatistenführer in der ostukrainischen Stadt Slowjansk in Gewahrsam genommen. Wie die OSZE bereits am Abend des 25. April bekannt gab, waren die militärischen Beobachter nicht im Auftrag der OSZE, sondern im Rahmen einer bilateralen Mission auf Grundlage des Wiener Dokuments auf Einladung der Übergangsregierung in Kiew in der Ostukraine unterwegs.« Man kann »die Frage bejahen und verneinen«? Man kann aber auch einfach journalistisch sauber recherchieren. Dieses unsaubere Vorgehen setzte sich bei der *Tagesschau* fort, als sie bei den Kämpfen um den Ort Debaltsewo (ukrainisch Debaltsewe) brav die Kiewer Meinung verbreitete, die Aufständischen hätten – in diesem Fall echte – OSZE-Beobachter nicht in die umkämpfte Stadt gelassen. In Wahrheit konnten die ostukrainischen Truppen keine Garantien für die Sicherheit der Beobachter im Kampfgebiet geben. Kein kleiner Unterschied. Der Ort Debaltsewo lieferte zugleich einen weiteren Höhepunkt an Falschmeldung: Das zweite Abkommen von Minsk hatte einen Waffenstillstand vorgesehen. Den, behauptete die ARD, hätten die Separatisten einseitig nicht eingehalten. Zeitgleich meldete sie aber den bewaffneten Ausbruch Kiewer Truppen aus dem Kessel an diesem Eisenbahnknotenpunkt. Das widersprach eklatant dem Abkommen. Aber eben auch der *Tagesschau*-Behauptung vom »einseitigen« Bruch des Abkommens.

Zu den Pawlowschen-Reflex-Feinden zählt immer wieder und gern der Russe. Da einschlägige Nachrichten der *Tagesschau* in den Kommentaren unterhalb der Berichte auf der Webseite von vielen Zuschauern angezweifelt wurden, sah sich der Blog offenkundig bemüßigt, die Herkunft der Video-Bilder eines Hubschrauber-Absturzes in der Nähe der syrischen Stadt Aleppo am 1. August 2016 so zu belegen: »Am Montag wurde auf dem Rückflug aus dem umkämpften Gebiet um die syrische Stadt Aleppo ein russischer Militärhubschrauber abgeschossen, alle fünf Insassen kamen ums Leben … Hier wollen wir erklären, wie wir ihre (der Bilder; d. Verf.) Authentizität geprüft haben.« Wer den Hinweisen der Redaktion dann folgt, bekommt ein Video nach dem anderen präsentiert, in denen verschiedene arabische Sender, auf Arabisch versteht sich, irgendetwas berichten, was mit der ursprünglichen Nachricht zu tun haben kann oder eben auch nicht. Natürlich ging es bei den Zuschauerreaktionen in Wahrheit nicht um das Bildmaterial, ein kaputter Hubschrauber ist ein kaputter Hubschrauber ist ein Hubschrauber. Es ging um die Bilderkommentierung der Redaktion: »Der Hubschrauber war laut Russland auf dem Rückflug vom humanitären Einsatz für die in Aleppo eingeschlossen Menschen. – Rebellengruppen veröffentlichten allerdings Fotos und Videos, auf denen neben dem Wrack ein Raketenwerfer zu sehen sein soll. Überprüfen ließen sich die Aufnahmen nicht.« Programmiert ist dank jahrelanger Nachrichtenarbeit, dass der Russe lügt. Also bedeutet die Formulierung »laut Russland«, verstärkt noch durch das anschließende »allerdings«, dass der russischen Aussage der Wahrheitsgehalt abgesprochen wird. Zur Unterstützung werden ungenannte Rebellen-Gruppen zitiert, die irgendwelche Raketenwerfer behaupten. Um sich den Anschein von Seriosität zu geben, klebt die Redaktion die zweifelhafte Überprüfungsmöglichkeit an. Um dann im Blog Authentizität durch – vom gemeinen Zuschauer – unüberprüfbares Arabisch aus unüberprüfbaren Quellen vorzuspiegeln.

»Wir wollen Nachrichten hinter den Nachrichten und Einblicke in den Arbeitsalltag bieten«, behauptet der *Tagesschau*-Blog und will doch nur hinter den Nachrichten aufwischen: Den schlechten Eindruck unsauberer Berichterstattung.

VII.
Keine Antwort unter dieser Nummer

Wie *ARD-aktuell* antwortet, wenn der Zuschauer antwortet

Beschwerden über das Programm gibt es seit Beginn des Rundfunks. Wie die Leserbriefe in den Printmedien hat auch der Postverkehr der audio-visuellen Medien mit ihren Hörern und Zuschauern die Funktion, Verbundenheit mit der Kundschaft/dem Publikum zu suggerieren. Der ursprüngliche Effekt – Zuschauerkritik wurde zur Adjustierung des Programms an die Erwartungen der Rezipienten genutzt – wird heutzutage mi minutiösen Quotenmessungen wirkungsvoller erreicht, sie liefern ein genaues Bild davon, was beim Publikum »ankommt« und was nicht. Bloße Beschwerdebriefe (ohne Protestcharakteristik) bearbeiten die zuständigen Redaktionen selbst. Aus arbeitsökonomischen Gründen sind die Antworten aus Textbausteinen formuliert:

> »Vielen Dank für Ihre E-Mail von 13.09.2014, die mit der Bitte um direkte Beantwortung an uns weiter geleitet wurde. Wir bedauern es sehr, dass unser Beitrag bei Ihnen Anlass zur Kritik geboten hat. Ich kann Ihnen aber versichern: Dies liegt keineswegs an der mangelnden journalistischen Qualifikation unserer Mitarbeiter. Die sind gut ausgebildet.
>
> Gerne geben wir Ihre Hinweise und Kritik intern an unsere Redaktion weiter, da wir sehr viel Wert auf die Zufriedenheit unserer Zuschauer legen.«

Gibt sich der »Kunde« damit nicht zufrieden, heißt es dann irgendwann:

> »Ihre Mail haben wir mit Interesse gelesen. Ich hoffe aber, Sie haben Verständnis dafür, dass wir nicht auf alle Ihre Mails eingehen können. Schwerpunkt unserer Arbeit bleibt die Produktion von Nachrichtensendungen.«
>
> Mit freundlichen Grüßen Dr. Kai Gniffke
> Erster Chefredakteur ARD-aktuell

Zu den allgemeinen Beschwerden gibt es aufgrund gesetzlicher (= im Rundfunkstaatsvertrag verankerter) Regelungen eine Alternative: die förmliche »Eingabe« oder auch »Programmbeschwerde«. Sie kann immer dann vorgebracht werden, wenn ein Verstoß gegen die staatsvertraglichen Programmrichtlinien gerügt und auf sie Bezug genommen wird.

Adressat dieses »Rechtsbehelfs« (in Anführungszeichen, das erklärt sich noch) sind entweder der Intendant oder das Gremium, das die Einhaltung der Programmrichtlinien überwacht, nämlich der Rundfunkrat der betreffenden Anstalt.

»Eingaben« bzw. »Beschwerden« sind nach einem festgelegten Verfahren zu behandeln: Der Intendant hat zu prüfen, ob ein Richtlinienverstoß vorliegt, und muss sich gegenüber dem Beschwerdeführer innerhalb festgelegter Frist äußern (beim NDR ein Monat). Erscheint die Äußerung dem Beschwerdeführer nicht ausreichend, so muss er das erneut schriftlich mitteilen. Erst dann befasst sich der Rundfunkrat mit der Beschwerde und entscheidet darüber – mit einem Zeitaufwand von vier oder noch mehr Monaten –, und zwar endgültig, mit abschließender Wirkung.

Ein weiteres Verfahren gibt es nicht. Und um das Maß vollzumachen: Der NDR-Rundfunkrat weigert sich – in obrigkeitsstaatlicher Attitüde –, seine Entscheidung inhaltlich zu begründen (die Gremien anderer ARD-Anstalten geben sich da ein wenig moderner, allerdings auch nur formal). Klagen vor den ordentlichen Gerichten gegen die Bescheide des Rundfunkrates sind ausgeschlossen. Die im Grundgesetz verankerte »Rundfunkfreiheit« erlaubt keine Klage gegen ein Programmangebot, und damit ist eine gerichtliche Klärung, ob es sich um ein gutes oder ein schlechtes Angebot handelt, ausgeschlossen.

Hintergrund dieser Darstellung sind rund 200 Programmbeschwerden gegen Berichte der *ARD-aktuell*-Redaktion, erhoben zwischen Mai 2014 und Februar 2017. Der inhaltliche Schwerpunkt liegt auf der Ukraine- und der Syrienberichterstattung. Der Intendant und der Rundfunkrat des NDR beschieden sie samt und sonders abschlägig. Standardtext fast aller Ablehnungen (Beispiel, man beachte die Zeitspanne zwischen den Daten):

> »(...) mit Schreiben vom 19.07.2015 hatten Sie sich mit der oben genannten Programmbeschwerde an den Rundfunkrat des *Norddeutschen Rundfunks* gewandt und einen Verstoß gegen den NDR-Staatsvertrag geltend gemacht.
>
> Der Rundfunkrat hat sich in seiner Sitzung am 04.12.2015 mit Ihrer Beschwerde befasst. Dem vorangegangen war eine ausführliche Beratung im Programmausschuss am 03.11.2015. Nach intensiver Diskussion und sorgfältiger Prüfung des Sachverhalts weist der Rundfunkrat Ihre Programmbeschwerde zurück. Der Rundfunkrat konnte keinen Verstoß gegen die geltenden Grundsätze der Programmgestaltung gemäß NDR-Staatsvertrag feststellen.
>
> Im Übrigen bittet Sie der Rundfunkrat, künftige Programmbeschwerden sachlich zu formulieren und auf Polemik zu verzichten.
>
> Mit freundlichen Grüßen (...)«

Die hier so eindrucksvoll wie dreist beanspruchte Unfehlbarkeit kennzeichnet einen leicht zu erklärenden, antidemokratischen und kritikresistenten Komplex. Eine Institution, deren Mitglieder nicht vom Volk gewählt, sondern in inzestuösen Prozeduren aus für wichtig erachteten Gruppen ermittelt und delegiert werden und gegen deren Befunde keine Reklamation möglich ist, entwickelt geradezu zwangsläufig ein solches Gehabe. Wer gesetzlich davor geschützt ist, dass man ihn wegen seiner Fehler anklagt, der hält sich eben über kurz oder lang tatsächlich für unfehlbar.

Die Redaktion *ARD-aktuell* (*Tagesschau, Tagesthemen, Nachtmagazin* usw.) ist als Mängelverursacher der Anlassgeber für die hier in Rede stehenden Programmbeschwerden. Die Programmverantwortung für *ARD-aktuell* trägt der NDR-Intendant. Der NDR-Rundfunkrat hat die Aufgabe, die Einhaltung der Programmgrundsätze zu überwachen.

Alle öffentlich-rechtlichen Rundfunkanstalten gebärden sich als »selbstständig und unabhängig«: Wir erfahren hier eine der gängigen Legenden, Selbstbeweihräucherung in orwellschem Schönsprech. Bestreiten aber lässt sich nicht, dass Parteipolitiker in den Landesparlamenten jederzeit Wohlverhalten erzwingen können, weil sie allein über die Höhe der Rundfunkbeiträge zu entscheiden haben; Gebührenschraube, Daumenschraube …

Die politischen Eliten haben zudem nicht nur Kontrolle über den Rundfunk, weil sie am Geldhahn sitzen. Sondern auch, weil sie darüber zu entscheiden haben, welche gesellschaftlichen Gruppen »relevant« genug sind, dass ihnen das Recht zugestanden werden kann, einen Vertreter in einen Rundfunkrat zu entsenden (z. B. Vertreter von Parteien, Arbeitgeberverbänden, Kirchen oder Gewerkschaften). Es sind die stets gleichen Klüngel, die seit Generationen die Ämter der Aufsichtsgremien unter sich verteilen. Eine (basis-)demokratische Teilhabe der Gebührenzahler ist somit ausgeschlossen.

Lediglich den Programm-Mitarbeitern ist beim NDR ein winziges Teilhaberecht in einem Redakteursstatut zugestanden, von dem allerdings so gut wie kein Gebrauch gemacht wird.

In mehreren Entscheidungen forderte das Bundesverfassungsgericht, den formellen Einfluss der Parteipolitik einzudämmen, mit mäßigem Erfolg. Unter der Tarnkappe der »gesellschaftlich relevanten« Gruppen sind die Politkader in den Aufsichtsgremien weiterhin überrepräsentiert. So agierte z. B. die derzeitige turnusmäßige NDR-Rundfunkrats-Vorsitzende Thümler vor ihrem Rentnerinnendasein als Funktionärin der FDP, bis sie dann als Vertreterin eines Frauenverbandes in den Rundfunkrat einrückte. Auf diese Weise sichert sich ein demokratieferner elitärer Politklüngel unbeschränkten Einfluss auf eine Rundfunkanstalt und ihr Programm, während das Fernseh-

Fußvolk die vornehme Pflicht hat, das potemkinsche Dorf namens »Rundfunkfreiheit« mittels Rundfunkgebühr zu finanzieren.

Rundfunk von unten, der Bürger für die Bürger, bleibt Illusion. Das Sagen haben die, die sich auch auf allen anderen gesellschaftlichen Einfluss- und Entscheidungsebenen mit dem Herrschen und Machtausüben auskennen. Im öffentlich-rechtlichen Rundfunk geht es seit 70 Jahren so her.

Journalisten, die sich als unabhängig-kritische Vermittler von gesellschaftlichen Vorgängen verstanden und ihre Aufgabe darin sahen, die Bürger zu selbständiger Meinungsbildung zu befähigen, gelangten immer wieder schnell an ihre Grenzen.

Als der Vater der heutigen Verteidigungsministerin, Niedersachsens Ministerpräsident Dr. Ernst Albrecht, sich vor vierzig Jahren anschickte, den damals noch ausschließlich öffentlich-rechtlich organisierten Rundfunk in Deutschland zugunsten des Kommerzfunks zu »revolutionieren«, und massiven Druck auf den NDR ausübte, zeigte er ungeschminkt, was unter »unabhängigem Rundfunk« zu verstehen sei:

> »Die niedersächsische CDU-Landesregierung wird Schritte unternehmen, um mehr der jetzt beim NDR angestellten, politisch linksorientierten Journalisten von ihren gegenwärtigen Positionen in andere Abteilungen zu versetzen, wo sie keinen Schaden mehr anrichten können« (Stader Tageblatt, 21.1.1980),

ließ er von seinem Medienexperten, der gleichzeitig im NDR-Rundfunkrat saß, auf einem CDU-Kongress verkünden.

Die jahrelangen Kontroversen um die damals kritische Berichterstattung von *Panorama* und über das Atomkraftwerk Brokdorf gaben der CDU und ihrem schleswig-holsteinischen Ministerpräsidenten Stoltenberg Anlass, den NDR-Staatsvertrag wegen »Unausgewogenheit des Programms« zu kündigen, trotz der Beflissenheit und Bereitschaft des SPD-orientierten NDR-Führungspersonals zu devotem Entgegenkommen: kritische Köpfe wie (damals) Klaus Staeck und Günter Wallraff kamen im Programm nicht mehr vor, chilenische Freiheitslieder (gegen den Putschisten und Diktator Pinochet) wurden nicht mehr gesendet. Liedermacher wie Franz Josef Degenhardt oder Hannes Wader kamen auf die Schwarze Liste. Der Schlager »Ja, mia san mit'm Radl da« kam auf den intern geltenden Index, Selbstzensur, weil darin auch ein Bankraub besungen wurde (was als unverträglich galt wegen der damaligen Banküberfalle der RAF). Die skurrile Phantasie vieler sich anpassender NDR-Größen trieb die tollsten Blüten.

Das Ergebnis des CDU-Krieges gegen den damals SPD-geführten NDR war schließlich, dass der Staatsvertrag der Bundesländer Hamburg, Niedersachsen und Schleswig-Holstein über den NDR geändert wurde. Unter anderem wurden die Programmgrundsätze novelliert. Das CDU-Verständnis von »wehrhafter Demokratie« fand Einlass. Die Sendungen hatten jetzt zur »Verwirklichung der verfassungsmäßigen Ordnung« beizutragen. Damit wurde, so hat es der frühere Intendant Martin Neuffer zutreffend ausgedrückt, »der NDR zur Propaganda-Kompanie der freiheitlich-demokratischen Grundordnung gemacht.«[54]

Von Freiheit und Verantwortung ist die Rede, formuliert von denen, die gerade erst den Knüppel gegen den Rundfunk und seine »Unabhängigkeit« geschwungen hatten und die in der Folgezeit an der freiheitsfeindlichen Praxis des internen Anstaltslebens nichts änderten. Es war und blieb wie eh und je: Die Programmgrundsätze sind heuchlerische, unverbindliche Folklore, kreativ formuliert von »Demokraten«, denen das eigene Machtinteresse traditionell als einziger Maßstab dient.

Erstmals in der Rundfunkgeschichte gelangten im Zug der Reformen auch Regelungen über das »Eingaberecht« (§ 13) in den Staatsvertrag. Sie sind dem grundgesetzlich vorgegebenen Petitionsrecht (Art. 17 GG) nachgebildet. Ihr von der CDU beabsichtigter Zweck war nicht etwa, Teilhabe der Bürger und Bürgerinnen an programmlichen Belangen zu ermöglichen. Die Regierungen Niedersachsens und Schleswig-Holsteins verstanden dieses Recht vielmehr als zusätz-

54 Klaus Berg, in: Wolfram Köhler (Hg.): Der NDR zwischen Programm und Politik, Hannover 1991, S. 312.

liches Repressionsinstrument: Es sollte sicherstellen, dass negative Reaktionen des Publikums über den Intendanten hinaus ungefiltert den Verfügungsbereich der Kontrolleure im Rundfunkrat erreichen. Damit stand der Intendant unmittelbar im Fokus der Kontrolleure und konnte in diesem von der CDU dominierten Gremium nach Belieben »abgewatscht« werden.

Um die indirekte, aber höchst wirksame Kontrolle über den Sender zu perfektionieren, bildete der erste Rundfunkrat auf Betreiben der CDU zur Überwachung des Programms einen Rechts- und Eingabenausschuss. Ursprünglich war geplant, alle Zuschauerreaktionen und Beschwerden diesem Ausschuss zuzuleiten und ihn nach Gusto darüber befinden zu lassen. Später verständigten sich Ausschuss und NDR-Leitung wegen der Vielzahl der Vorgänge darauf, dass dem Intendanten jährlich lediglich eine Übersicht über die Eingaben mit grundsätzlicher Bedeutung unterbreitet wurde. An ihren Beispielen erörterte der Ausschuss dann seine Grundsatzfragen. Parallel dazu nahm der Rundfunkrat für sich in Anspruch, die Einhaltung der »Grundsätze der Programmgestaltung« generell zu überwachen. Er bekam die Befugnis, einzelne Sendungen als staatsvertragswidrig zu beurteilen und den Intendanten anzuweisen, einen festgestellten Verstoß nicht fortzusetzen oder künftig zu unterlassen (§ 18 Abs. 2 NDR-Staatsvertrag).

Diese zangenähnliche Programmüberwachung (Programmausschuss und Plenum agieren eigenständig, mit unterschiedlicher Systematik; sie ist noch immer geltendes Recht) dient dem Ziel der Politiker, verbliebene kritische Programmansätze zu reduzieren. Zweck: Anpassung der Berichterstattung an die Interessen der vorherrschenden Parteien, Verhindern einer als »negativ« erachteten Berichterstattung. Typisches Beispiel:

In einer Sendung am 4. April 1985 in *Extra-Tour* war das Kriegerdenkmal am Dammtorbahnhof in Hamburg (Aufschrift: »Deutschland muss leben, und wenn wir sterben müssen«) Gegenstand der Berichterstattung. Einige Bürger hatten dazu aufgerufen, das Denkmal wegen seiner Kriegsverherrlichung mit Tüchern zu bedecken. Aufruf und dann folgende Verhüllung des Denkmals wurden im Filmbericht gezeigt. Der Rundfunkrat missbilligte den Bericht mit Stimmenmehrheit, Begründung: »Die Benutzung eines öffentlichen Senders als Transportmittel für Aufrufe dieser Art, ist zu beanstanden«. (Klaus Berg, a. a. O., S. 318)

Es zeigte sich – schon damals nicht zum ersten Mal –, dass der Rundfunkrat das Mittel der Programmbeschwerde und seine Kontrollfunktion nicht zur Entwicklung demokratischer Standpunkte und zur Verbesserung des Programms nutzt, sondern primär zur Durchsetzung eigener parteipolitisch geprägter Ansichten und Einstellungen.

Erwartungsgemäß blieb das nicht ohne Wirkung auf die Programmmitarbeiter im Sender. Anpassungsbereitschaft, Konfliktscheue und Frustration nahmen gleichermaßen zu, auch gefördert von einer NDR-Führung, die zum Teil offen mit den Parteizentralen fraternisierte. Das Verständnis von Presse und Rundfunk als einer dem Verfassungssinne nach Vierten Gewalt im Staat kam nicht mehr zur Geltung, es schimmerte allenfalls noch als hypothetischer Anspruch durch die PR-Texte in den Hochglanz-Broschüren des NDR.

Das änderte sich auch nicht, als die Mehrheitsverhältnisse sich mit der Wahl Gerhard Schröders zum niedersächsischen Ministerpräsidenten zugunsten der SPD verschoben hatten und der Sozialdemokrat Jobst Plog sich gegen den CDU-Amtsinhaber Peter Schiwy (»Der Schwarze Peter«) als NDR-Intendant austauschen ließ.

Mitbestimmung und Demokratie (z. B. vermittels eines wirkungsvollen Redakteursstatuts) blieben der Belegschaft weiterhin verwehrt, es wurde buchstabengetreu das weitergeführt, was die konservativen Kräfte dem NDR einige Jahre vorher übergestülpt hatten. Intendant Plog und der heutige ARD-Programmdirektor Volker Herres hatten unmissverständlich deutlich gemacht, dass es auch unter ihrer Regentschaft keine demokratisch orientierte Kursänderung geben werde:

> »Die Prozesse [gemeint waren die Programmauseinandersetzungen, die Stoltenberg veranlasst hatten, den NDR-Staatsvertrag zu kündigen] mussten geführt werden, wenn die Leitung eines großen Hauses mit liberaler Tradition nicht kapitulieren wollte. Die Prozesse wurden auch gewonnen – aber waren es nicht Pyrrhussiege? Die neuen Linien sind nicht durch Prozesse, sondern politisch

gezogen worden – sozusagen in zweiter Instanz. Insoweit – so ein Fazit der NDR-Krise – kann es lohnender sein, vertretbare Konsense im Vorfeld von sich abzeichnenden Auseinandersetzungen zu suchen – auch in Zukunft.«[55]

Auf Hochdeutsch: Wir kuschen lieber und kungeln im Hinterzimmer faule Kompromisse aus, als mit offenem Visier und notfalls vor Gericht für einen freien, von den Landesfürsten und ihrer Entourage unabhängigen Rundfunk zu kämpfen. Damit war klar, wie die neue Leitung des Senders ihr Verhältnis zu Staat und Politik zu gestalten gedachte: Im Zweifel auf Anpassung orientieren und Hofberichterstattung organisieren. Die Folge dieser SPD-Konsenspolitik: Bis auf wenige Ausnahmen hat es keine nennenswerten Konflikte des NDR mehr mit der politischen Elite gegeben. Im Gegenteil. Was die Programmkritik anbelangt, hat sich die Frontlinie inzwischen weit verschoben: Die parteipolitisch orientierten Kräfte in den Aufsichtsgremien – früher maßgebliche Träger relevanter Programmkritik von konservativer Seite her – haben sich inzwischen mit den Intendanten verbündet und weisen heute gemeinsam öffentliche Kritik von dritter Seite am Programm zurück. Harmoniekleister klebt überall, höfisches und kritikloses Gehabe kennzeichnet den Umgang der NDR-Leitung und vieler Programmverantwortlicher mit den politischen Eliten. Nicht nur, dass eine Krähe der anderen kein Auge aushackt. Man kennt sich, man schätzt sich, man mauschelt miteinander, und notfalls bildet man eine Wagenburg... das schützt vor Hunderten von Programmbeschwerden aus dem Publikum.

Mit der Mesalliance von NDR-Leitung und Politik geht der Protestverzicht der Programm-Mitarbeiter einher. Interne grundsätzliche Kritik – soweit ersichtlich – gab es zuletzt während des Kosovokrieges gegen Jugoslawien.

Im April 1999 hieß es in einer betriebsinternen Information des Redakteursausschusses (heute mit Blick auf viele Programmbeschwerden eine Art von Déjà-vu):

55 Jobst Plog/Volker Herres, in: Wolfram Köhler (Hg.): Der NDR zwischen Programm und Politik, Hannover 1991, S. 299.

»Der Krieg in Jugoslawien ist in seiner vierten Woche und noch ist kein Ende abzusehen. Der Redakteursausschuss des NDR konstatiert, daß nahezu ein Jahrzehnt nach dem ›journalistischen Debakel‹ im Zusammenhang mit dem Krieg am Golf erneut, oder immer noch, Tendenzen zu unkritischer Auseinandersetzung auszumachen sind – sowohl in Sendungen des Hörfunks als auch des Fernsehens. Formulierungen wie ›die Angriffswelle rollt weiter‹, ›Serben missbrauchen Kosovo-Albaner – 500 Kosovo-Albaner vor Kanonen gestellt‹ sind leider noch immer zu vernehmen. Generell ist festzustellen, daß offenbar diejenigen wesentlich weniger Chancen haben, Gehör zu finden, die diesen Krieg verurteilen, als jene, die ihn zu rechtfertigen versuchen ... Eine Pauschalisierung der ›serbischen Kriegstreiber‹ durch falsche inhaltliche Synonyme wie allgemein ›Serben‹ oder ›die Serben‹ widerspricht dem Gebot der journalistischen Sorgfaltspflicht. Der Vorsitzende der IG Medien, Detlef Hensche, sprach in diesem Zusammenhang nicht ohne Grund von ›Dämonisierung‹.« (Betriebsinternes Info des Redakteursausschusses vom 14.4.1999)

Die Reaktion der Hierarchie kam prompt. In einem vom Chefredakteur Joachim Knuth unterzeichneten Rundschreiben heißt es empört:

»Von einem Redakteursausschuss, der diesen Namen verdient, hatte man erwarten dürfen, daß er Kontakt zu den Kolleginnen und Kollegen aufnimmt, bevor er ein derartiges Pamphlet verbreitet. Dann wäre Ihnen nämlich bekannt gewesen, wie sehr sich die Redaktionen vom ersten Augenblick an trotz der ungewöhnlich schwierigen Informationslage in Gesprächen mit den Korrespondenten, in Abstimmungsprozessen während der Schichten, in Redaktionskonferenzen, etc. um eine umfassende, sachliche Berichterstattung in allen Sendungen bemüht haben. Davon werden wir uns auch durch Ihren Brief nicht abbringen lassen.« (Offener Brief an Redaktionsausschuss, ohne Datum, April 1999)

An die Stelle von Bereitschaft zur inhaltlichen Auseinandersetzung treten Larmoyanz, Ignoranz und Pöbeleien. Den »Kolleginnen und Kollegen« wird aggressiv begegnet, sie werden zu Claqueuren degradiert, der Chef leugnet die Berechtigung der Kritik und schwingt sich aufs hohe Ross, gibt den aufrechten Kämpfer für das ach so gute, saubere Programm – sattsam bekannte Methode vieler Hierarchen, nicht nur im NDR.

Dort kehrte denn auch Friedhofsruhe ein. Der NDR-Leitung kam entgegen, dass sie zahlreichen Programm-Mitarbeitern inzwischen Zeitverträge aufgezwungen hatte, ein wirksames Mittel, Kritik und Diskussionen über das Programm nachhaltig zu dämpfen. Es setzte sich auch bei den gutwilligsten Programm-Mitarbeitern die Einsicht durch, dass Kritik nicht nur karrierehemmend ist, sondern auch die berufliche Existenz gefährden kann.

Die Personalpolitik der NDR-Leitung war lange Jahre hindurch zugleich auch Programmpolitik: Da herrschte stillschweigendes Einvernehmen, wichtige Redaktionen »auszutarieren«, das heißt, sie mit Journalisten unterschiedlicher Weltanschauung zu besetzen. Damit räumte der SPD-Exponent Jobst Plog auf. »Proporz« sei schädlich. Fortan war von »professionellen Entscheidungen« die Rede, und gemeint war damit in aller Regel, dass Journalisten »neuen Typs« gefragt sind: Ehrgeizig, egoman, hierarchiegläubig und mainstreamfähig, auf Deutsch gesagt: stromlinienförmig Angepasste, ohne gewerkschaftliche oder überhaupt bemerkbare soziale Orientierung. Mit ihnen gelang es zum Beispiel, die medialen Kampagnen zur Durchsetzung des Sozialabbaus unter Kanzler Schröder und seinem Kumpel Steinmeier erfolgreich zu bewältigen. Auch die konformistische Berichterstattung über den völkerrechtswidrigen Krieg gegen Jugoslawien war nur auf diesem personalpolitischen Fundament möglich geworden. An diesem Prinzip hat sich bis heute nichts geändert. Der NDR ist glattgebürstet. Das politische Führungspersonal der Elite hat ganze Arbeit geleistet.

Dennoch wird im NDR noch immer der Illusion von programmlicher Unabhängigkeit gehuldigt. Die Chefs polieren ihren Scheinheiligen-Schein. In vielen Rechtfertigungsschreiben der *ARD-aktuell*-Chefredaktion zu Programmbeschwerden heißt es:

> Ebenfalls zum wiederholten Male möchten wir darauf hinweisen, dass wir bei der Gestaltung unserer Nachrichtensendungen keinesfalls einer politischen Instanz, Partei oder sonstigen Interessengruppen verpflichtet sind. Das öffentlich-rechtliche ARD-Gemeinschaftsprogramm wird aus Rundfunkbeiträgen finanziert und arbeitet frei von staatlicher Einflussnahme. Unser Ziel ist es, unser Publikum möglichst gut zu informieren.

So wird verschleiert, dass es gar keiner staatlichen Einflussnahme mehr bedarf, weil die politische Indoktrinierung bereits verinnerlicht ist.

Am 15. Mai 2004 erweiterte der NDR-Rundfunkrat die Programmrichtlinien »zur Ausführung der §§ 11 e, 11 f RStV sowie § 5 Abs. 3 NDR-StV«. Definiert werden darin die »Grundsätze für die Zusammenarbeit im Gemeinschaftsprogramm Erstes Deutsches Fernsehen und in anderen Gemeinschaftsprogrammen und -angeboten«, zu denen auch *ARD-aktuell* zählt.

Diese »neuen« Programmgrundsätze entsprechen den alten, bieten inhaltlich die gleiche hohle Lyrik, sind kein edler Schmuck, nur billiger Strass. Die »freiheitliche Grundordnung« wird weiterhin strapaziert, auch von »Würde des Menschen« und »Achtung vor dem Leben« ist die Rede, und es heißt, »Gewalt darf nicht verharmlost oder verherrlicht werden«. Selbst die »internationale Verständigung« soll von der ARD gefördert werden, allerdings fehlt das bisherige Bekenntnis zur »Friedenssicherung« und zur »sozialen Gerechtigkeit«. Wohl nicht ganz zufällig.

Die Regelungen über Programmbeschwerden (im NDR-Staatsvertrag »Eingaben«) wurden dergestalt verändert, dass bei zugelieferten Korrespondentenberichten für die Nachrichtensendungen der *ARD-aktuell*-Redaktion nunmehr diejenige Anstalt als »zuständig« gilt, die das jeweilige ARD-Studio betreibt (Beispiele: Syrien-Berichterstattung, geliefert vom Studio Kairo, dafür zuständig der SWR; Ukraine-Berichterstattung trägt das Studio in Moskau bei, zuständig ist der WDR). Wenn also Golineh Atai, WDR-Studio Moskau, bei Chefredakteur Dr. Gniffke, Leiter der NDR-Hauptabteilung *ARD-*

aktuell einen Beitrag absetzt, ist nicht Dr. Gniffke bzw. dessen NDR-Intendant »zuständig« – trotz dessen unbestreitbarer Programmverantwortung – sondern der WDR-Intendant, denn das Studio Moskau gehört zum WDR. ARD-Bürokratismus, Eitelkeit und Eigenbrötlerei pur? Ja freilich. Mit einem schönen Nebeneffekt. Die vielen Programmbeschwerden über mangelhafte, verfälschende, desinformative, hetzerische, propagandistische usw. Berichte der Redaktion *ARD-aktuell* gehen nicht gebündelt auf die Hauptverantwortlichen nieder, den NDR-Intendanten Lutz Marmor und den Chefredakteur Gniffke. Auch der NDR-Rundfunkrat muss nicht alle allein bearbeiten. Die Kritik verteilt sich auf die ARD-Anstalten. Und verläppert sich …

ARD-aktuell im Selbstgerechtigkeits-Modus

Dass die NDR-Leitung sich schwer tut, Programmverstöße zuzugeben, ist kennzeichnend für den problematischen Führungsstil im Sender. Egomanie, Eitelkeit und elitäres Gebaren prägen die Innenansicht des Betriebes, im Direktorium herrscht eine übersteigerte Selbstgerechtigkeit, die Selbstkorrekturen praktisch ausschließt. Überschwänglich und selbstbezogen versichert man sich ständig gegenseitig, Schneewittchens Stiefmutter zu sein: Wir sind die Schönsten und Größten im ganzen Land.

Bei Intendant Marmor und seinem *ARD-aktuell*-Chefredakteur Dr. Gniffke manifestiert sich das in volltönendem öffentlichem Selbstlob.

> *Marmor:* »Wir sind nicht perfekt, wir können auch mal Fehler machen (…) (aber) wir leisten gute Arbeit und bieten ein vielseitiges und unabhängiges Programm (…) 82 Prozent der Norddeutschen sagen, dass sie uns ›voll und ganz‹ bzw. ›eher‹ vertrauen.«
>
> *Dr. Gniffke:* »(…) in jedem Einzelfall prüfen wir, ob wir etwas hätten besser machen können (…) Doch bei aller Selbstkritik glaube ich, dass sich die Tagesschau nicht verschlechtert hat (…).«

Die großen Worte über eine vorgebliche Bereitschaft, mit sich diskutieren und sich infrage stellen zu lassen, kontrastieren mit einer eindrucksvoll arroganten Praxis der Abweisung förmlicher Publikumsbeschwerden.

Da blitzt nicht einmal der Anschein von Selbstkritik auf. Der Aberglaube von der eigenen Unfehlbarkeit führt zwangsläufig zu Defiziten. Intendant Lutz Marmor, ein redlicher Betriebswirt und kauziger Pfennigfuchser, versteht vom Programm-Machen so gut wie nichts und überlässt die Beantwortung von Programmbeschwerden im Rechtfertigungsstil lieber gleich dem Anlassgeber, dem Fehlerverursacher, dem »Täter«, dem Chefredakteur Dr. Gniffke. Der darf somit als Beklagter zugleich Richter über sich selbst spielen.

Das ist die Garantie für einen Freispruch, gleichgültig, wie schwerwiegend und begründet die Kritik war. Man kann getrost sagen: Da wird der Bock zum Gärtnereibesitzer gemacht.

Und die »Weisen« aus dem Rundfunkrat? Ein Feierabendverein von Alt- und Ausgedienten, die sich regelmäßig beschwatzen lassen und wie die Wackeldackel alles abnicken, was das Management ihnen vorsagt. Warum auch sollten sie Konfliktfähigkeit beweisen, es besteht ja kein Grund zum Eingreifen, solange *ARD-aktuell* brav, zuverlässig und systemkonform alle programmlichen Erwartungen erfüllt.

Politischer Inzest und höfisches Gehabe im Aufsichtsgremium, Bereitschaft der Chefredaktion zur Hofberichterstattung: Das sichert sich gegenseitig solidarisch ab. Dr. Gniffke weiß das: »Wir nehmen Partei für die Demokratie.« Das wirkt als Tranquilizer. Auffallend und wohl kein Zufall: Die derzeit so wesentliche Programmverpflichtung zur »Förderung der internationalen Verständigung« fehlt im Bekenntniskanon des Dr. Gniffke.

Immer häufiger heißt es in den Stellungnahmen, einem selbstentrückten, realitätsfernen Mantra gleich: »Bei der Gestaltung unserer Nachrichtensendungen ist die Redaktion keinesfalls einer politischen Instanz, Partei oder sonstigen Interessengruppen in besonderer Weise verpflichtet.«

Bezeichnend, dass der Chefredakteur meint, parteipolitische Abhängigkeit so regelmäßig und nachdrücklich dementieren zu müssen. Das Rechtfertigungsmuster wiederholt sich in den Antworten auf viele Beschwerden. Auf Klagen über die Unterdrückung wichtiger Informationen reagiert Dr. Gniffke üblicherweise zunächst mit Arroganz und in krudem Deutsch: »*ARD-aktuell* hat sich die Berichterstattung daraufhin noch einmal angeschaut. Wir möchten Folgendes festhalten:«

Und weiter (z. B. in der Beantwortung der Beschwerde, dass *ARD-aktuell* nicht über die Wahl des Kiewer Faschisten Parubijs zum Parlamentspräsidenten berichtet hatte):

> »Wir haben am 14.04.2016 in nahezu allen Sendungen über die neue Regierung in der Ukraine berichtet. Da es an diesem Tag viele wichtige Themen gab, wurde jeweils mit Meldungen und Kurzfilmen über die Ukraine berichtet. Aufgrund der Nachrichtenlage war zeitlich kein Reporterbericht möglich.«

Die Beschwerde hatte sich überhaupt nicht auf das Thema Regierungsbildung bezogen, sondern auf die skandalöse Wahl eines Faschisten zum Parlamentspräsidenten und auf das Verschweigen dieser Schändlichkeit in den Sendungen von *ARD-aktuell.* Aber Dr. Gniffke schloss messerscharf: »Unterdrückung von Nachrichten« liegt mithin nicht vor.«

Als Kanzlerin Merkel über den Glaubwürdigkeitsverlust der Medien referierte, lieferte dpa zwar die Nachrichtenvorlagen, aber *ARD-aktuell* schwieg. Begründung:

> »Der 02.06.2016 war (...) ein nachrichtenstarker Tag. Im Übrigen hat *ARD-aktuell* bereits mehrfach, auch unter Verweis auf Umfragen, zum Thema Glaubwürdigkeit der Medien berichtet.«

Das ist so, als könne man eine Nichtbeachtung des Todes von Helmut Schmidt damit erklären, dass der Tod seiner Frau Loki einige Jahre zuvor ja bereits Gegenstand der Berichterstattung war.

Das Scheinargument »Platzmangel an nachrichtenstarken Tagen« ist einer der ständig wiederkehrenden Rechtfertigungsgründe. Auffallend nur, dass an »nachrichtenstarken« Tagen gerne solche anderweitigen Nachrichten unter den Tisch fallen, die nicht auf Berliner Regierungskurs liegen bzw. der Regierung missliebig sein könnten: Der Prominentenaufruf gegen den Ukraine-Kurs der Bundesregierung, ein saudi-arabisches Bombardement im Jemen mit 103 Toten oder der Hinweis auf geheime, illegale Bundeswehraktivitäten des »Kommando Spezialkräfte« im syrischen Kampfgebiet. Ein »klares Dementi« des Verteidigungsministeriums reichte bei dieser Affäre aus, dass Tante *Tagesschau* den Mund darüber hielt. Zwei politisch konträre Quellen hatten unabhängig voneinander über das deutsche völkerrechtswidrige Abenteuer berichtet, für Profis ein entscheidendes Nachrichtenauswahlkriterium. *ARD-aktuell* sah dennoch keinen Anlass, der Sache weiter nachzugehen und zu berichten, Ministerin von der Leyen hatte es ja übel nehmen können …

Die UNO-Resolution »Gegen die Glorifizierung von Nazismus, Neonazismus und andere Formen von Rassismus und Xenophobie« war von Russland eingebracht, aber von Deutschland nicht unterstützt worden. *ARD-aktuell* schwieg auch hierzu. Begründung: Die Resolution beabsichtige lediglich eine »positivere Wahrnehmung Russlands«, außerdem habe die Bundesregierung – so die zuständige Staatsministerin – stets deutlich gemacht, dass sie jede Verherrlichung des Nationalsozialismus kompromisslos ablehne, schließlich sei die Nazi-Verherrlichung in Deutschland unter Strafe gestellt. Man denke: Zur Rechtfertigung einer von ihr selbst zu verantwortenden Nachrichtenunterdrückung bedient sich die Chefredaktion *ARD-aktuell* der salvatorischen Erklärung eines Berliner Regierungsmitglieds …

Dass *ARD-aktuell* bei den US-Wahlen von Beginn an Position für Clinton und gegen Trump bezog, weiß inzwischen auch jeder unpolitische Zuschauer. Die ARD sieht das angeblich nicht so, sie leugnet es glatt. Der von *ARD-aktuell* zwischengeschaltete Intendant des Hessischen Rundfunks, Manfred Krupp, ließ wissen:

> »Ich kann Ihnen versichern, dass unsere Korrespondenten in ihrer Berichterstattung höchsten journalistischen Standards folgen und als neutrale Beobachter auftreten, ohne bewusst Zusammenhänge falsch darzustellen. Meinungsbeiträge sind in unseren Angeboten grundsätzlich von Informationsbeiträgen zu trennen.«

Eine dieser üblichen realitätsfernen Selbstdarstellungen. Bewusst ignoriert wird darin: Bei Korrespondentenberichten aus dem Ausland ist in den staatsvertraglichen Programmrichtlinien ausdrücklich der Mix von Meinung und Informationen erlaubt. Hier haben sie ihren Freibrief, die Frau Atai oder der Herr Lielischkies, sie dürfen über Russlands Putin oder Syriens »Machthaber« Assad hemmungslos herziehen, und sei's mit Schaum vorm Mund.

Fazit: *ARD-aktuell* orientiert sich regelmäßig an Vorgaben gemäß deutscher Regierungspolitik, bestreitet das aber vehement, aller Evidenz zum Trotz. Die Rechtfertigungsargumente gegen Vorwürfe der Manipulation und Parteilichkeit sind dürftig, durchsichtig, unsachlich, wirken oft ausweichend und nicht nachvollziehbar.

Das statistische Missverhältnis spricht eine eigene Sprache: Von den weit mehr als 100 Rechtfertigungsschreiben, mit denen Dr. Gniffke auf die Beschwerden reagierte, waren nur einige wenige geeignet, uns auf weiteres Vorgehen im Beschwerdeverfahren verzichten zu lassen.

Wie verbiestert die Leitung des NDR auf Kritik reagiert, zeigte sich sogar beim »Tüddelkram«. Nach grundlosen inkriminierenden Vorwürfen seitens des wegen unserer kritischen Anmerkungen pikierten Rundfunkrates musste viermal eine Erklärung angemahnt, drei Monate gewartet und schließlich sogar die Rechtsaufsicht angerufen werden (sie lag turnusgemäß beim niedersächsischen Ministerpräsidenten), ehe der Rundfunkrat sich zu einer dürftigen Stellungnahme herbeifand. So hartnäckig ist elitäre Arroganz.

Johann Heinrich Pestalozzi scheint solchen Figuren vor 200 Jahren auch schon begegnet zu sein – oder eine Vision vom NDR-Management gehabt zu haben: »Je höher die Rechthaberei in einem Menschen steigt, desto seltener hat er recht, das heißt desto seltener stimmen seine Aussagen und Behauptungen mit der Wahrheit überein.«

Beliebiger Umgang mit dem »Rechtsbehelf«

Eingaben sind Form und Instrumente demokratischer Teilhabe, davon war eingangs dieses Kapitels schon die Rede, und so jedenfalls versuchen die politischen Eliten das Petitionsrecht (Art. 17 GG) darzustellen. Es gebe »den Bürgerinnen und Bürgern die Möglichkeit, sich aktiv in die Politik einzuschalten. Auf der anderen Seite erfahren Parlament und Bundesregierung durch die Eingaben und Beschwerden, sozusagen durch die Stimme des Volkes, dringend zu lösende Probleme, abzustellende konkrete Missstände, und sie erfahren eben, wo im Einzelnen Handlungsbedarf ist«, erklärte zum Beispiel der CDU-Abgeordnete Günter Baumann unter Zustimmung der SPD am 21. Juni 2007 im Deutschen Bundestag – in einer Debatte über den (erfolglosen) Vorstoß der Partei Die Linke, das Petitionsrecht im Interesse der Bürger und Bürgerinnen zu novellieren und zu erweitern.

Kratzt man an der mit dem Petitionsrecht verputzten Demokratie-Fassade, so kommt allerdings zum Vorschein, dass es mit der demokratischen Teilhabe nicht weit her ist. Der NDR-Rundfunkrat zeigt bei der Anwendung des Eingaberechtes im NDR-Staatsvertrag (§ 13), wie beliebig er das bürgerliche Grundrecht auf »demokratische Teilhabe« begreift. Eine Kurzdarstellung:

Im Dezember 2016 berichtete Chefredakteur Dr. Gniffke in einem Gastvortrag an der Universität Hamburg, dass die *ARD-aktuell*-Redaktion im Durchschnitt 8.000 Kommentare bei Facebook, 2.000 Kommentare auf *meta.tagesschau.de*, 300 Kritik-Mails sowie eine förmliche Programmbeschwerde pro Tag erhalte.

Allein mit den Mails und Programmbeschwerden beschäftigen sich laut Dr. Gniffke drei Redakteure in Vollzeit. Vier weitere Redakteure kümmern sich im Schichtbetrieb um die Social-Media-Auftritte der *Tagesschau*, und vier Assistenten betreuen die Plattform Meta-Tagesschau. Diesen Publikumsservice richtete die Redaktion erst 2015 ein, als die ARD immer massiver für ihre Russlandberichterstattung kritisiert wurde.

Die Konsequenz aus der regen »demokratischen Teilhabe« des Publikums: Es wurde nicht, was zu erwarten gewesen wäre, das Programm verbessert, sondern es wurden – getreu dem Interesse der Eliten und ihres Führungsmanagements im Sender – die Auswirkungen praktizierter »demokratischer Teilhabe« kurzerhand eingeschränkt. Dieser beachtliche Personalaufwand der Redaktion diente auch dem Zweck, den 58 Rundfunkräten, ausgesuchten Repräsentanten der »gesellschaftlich relevanten Gruppen« (Gewerkschaften, Kirchen,

Arbeitgeberverbände, Berufsorganisationen, Interessenverbände und politische Parteien) die Mühe zu ersparen, pro Tag durchschnittlich eine Beschwerde zu lesen und zu bearbeiten (Anmerkung: Der größte Teil der täglichen Klagen erreicht die Rundfunkräte ohnehin gar nicht erst, selbst wenn er an ihre Büroadresse gerichtet ist, sondern wird ähnlich wie Zuschauerpost abgefertigt).

Der Vorstand des Rundfunkrats beantwortet Beschwerden über Fälle von Nachrichtenunterdrückung so schlicht wie dreist mit der Behauptung, dass das Unterdrücken von wichtigen Nachrichten seit dem 1.1.2017 nicht mehr Gegenstand von Beschwerden sein könne, weil der Rundfunkrat keine Befugnis habe, über die Auswahl von Nachrichten durch *ARD-aktuell* zu befinden. Er dürfe nicht in die Programmgestaltung eingreifen. Dass von dem Gremium nicht Vorgaben für eine Sendung erwartet werden, sondern korrektive Nachkontrolle, wird hier mit Unschuldsmiene übergangen. Dass es in den Programmrichtlinien heißt: »Berichterstattung und Informationssendungen haben den anerkannten journalistischen Grundsätzen … zu entsprechen« und »Analysen sind ebenso wesentliche Bestandteile des Programms wie die Information über bisher unbekannte Sachverhalte und Zusammenhänge«, blendet dieser Rundfunkrat im Interesse der eigenen Bequemlichkeit schlichtweg aus. Er ignoriert auch willkürlich, dass es nach § 18 des NDR-Staatsvertrages zu seinen Aufgaben gehört, »die Einhaltung der Programmanforderungen (§§ 3, 5, 7 bis 9) zu überwachen, um die es hier geht. Da ist nämlich unter anderem von notwendiger Vollständigkeit des Informationsangebots die Rede.

Wäre die restriktive Auffassung des Rundfunkrates korrekt, dann hieße das für die *Tagesschau*-Berichterstattung (konstruiertes Beispiel): Falls sie die Information verschweigt, Kanzlerin Merkel habe ihren Amtsverzicht angekündigt, dann könnte gegen diesen Fall von Nachrichtenunterdrückung nicht einmal Beschwerde erhoben werden. Die Willkürlichkeit solcher Rechtsauslegung ist nicht zu leugnen, die Selbstkastration nicht zu bestreiten, die der Rundfunkrat hier an seiner eigenen Kompetenz vornimmt, nur um sich Arbeit zu ersparen.

Die Beschwerde wird vom Rundfunkratsvorsitzenden bzw. dem Intendanten einfach in eine »Anregung« umgedeutet, die es erlaubt, den Vorgang dilatorisch zu behandeln; die Chefredaktion *ARD-aktuell*, obgleich doch vom Beschwerdeführer aufs Korn genommen, wird ermächtigt, die Beschwerde selbst zu beantworten (d.h. mit einem weitgehend automatisierten Schreiben als unbegründet zurückzuweisen). Ein weiteres Tätigwerden lehnt der Rundfunkrat glattweg ab.

Dieser juristische Taschenspielertrick – nach mehr als dreißig Jahren einer zumindest formal den Anstand wahrenden Praxis – zur Bewältigung der anschwellenden Beschwerdeflut sei »mit der Rechtsaufsicht des Landes Niedersachsen abgestimmt«, beschied die Rundfunkratsvorsitzende Thümler (FDP) die Beschwerdeführer.

Ausgeübt wird die Rechtsaufsicht von der Staatskanzlei des niedersächsischen SPD-Ministerpräsidenten Weil. Man sieht: Auch hier funktioniert die angestammte Gehilfen-Rolle der SPD, selbst bescheidenste demokratische Teilhabemöglichkeiten der Bürgerinnen und Bürger einzuschränken, wenn die sich gar zu zahlreich und selbstbewusst darauf berufen. Es gilt eben, Protestwellen zu glätten, nicht Protestursachen zu beseitigen.

Grundsätzliche Anmerkungen zur Ukraine-Berichterstattung

Die Ukraine-Berichterstattung wurde von einem großen Teil des Publikums schon in der Frühphase des Maidan als manipulativ und einseitig empfunden. Dennoch war es überraschend, dass der ARD-Programmbeirat sich dieser Kritik anschloss: »Fragmentarisch«, »tendenziös«, »mangelhaft« und »einseitig«. Wahrhaftig eine erstaunliche, klare, um Objektivität bemühte und Bereitschaft zu selbstkritischer Betrachtung demonstrierende Bewertung. Sie fand zwar große öffentliche Aufmerksamkeit. Aber an der tendenziösen Berichterstattung änderte sie doch nichts, sie bewirkte keine Korrektur. Das nährte den Verdacht, dass es »von höherer Warte« Direktiven an die Redaktionen gebe, den tendenziös-agitatorischen Kurs zu halten.

Beweise dafür gibt es nicht, nur Indizien. Wichtige transatlantisch orientierte Entscheider wie der WDR-Intendant Tom Buhrow und der Fernsehdirektor Jörg Schönenborn haben Medienberichten zufolge intern offensiv für eine »redaktionelle Linie« geworben, die sich darauf konzentriert, die »westlichen Positionen zu verteidigen«. »Linientreu« agierte denn auch das vom WDR besetzte ARD-Studio in Moskau. Sein auffallend russophob orientiertes Personal, darunter die Korrespondenten Virnich, Atai und Lielischkies, wirkte maßgeblich daran mit, die Einstellung der deutschen Öffentlichkeit zu Russland zu vergiften.

Die Wirkung manipulierter Nachrichten auf das Denken des Rezipienten wird begünstigt dadurch, dass er nur einen Bruchteil aus der Fülle an Informationen aufnehmen und verarbeiten kann. Die Medien nutzen dies, um durch Exklusion einen ausgewählten, sehr begrenzten Ausschnitt der Realität mittels ständiger Wiederholung im Bewusstsein des Rezipienten zu verankern, bis dieser Ausschnitt letztlich als ganze und wahre Realität empfunden wird.

Der als einseitig-»prowestlich« zu definierende Ausschnitt, der »Frame«, über die zu vermittelnde Realität der Ukraine sieht in den westlichen Massenmedien ungefähr so aus: Die Russen sind verantwortlich für den Konflikt im Donbass. Sie halten die Ukraine in ständigem Bedrohungszustand. Rechtsextreme Strukturen in der ukrainischen Gesellschaft gibt es nicht. Das ukrainische System hat zwar Mängel – wie Korruption und fehlende wirtschaftliche Entwicklungsmöglichkeiten –, aber es ist dennoch auf einem guten Weg nach Europa. (Der Freitag, 7.4.2014)

Dieser mediale Rahmen beschränkt unseren Blick auf die Ukraine und bestimmt die gesamte Berichterstattung der ARD. Von ihm werden alle für das Publikum als wichtig erachteten Informationen begrenzt. Was diesem »Frame« nicht entspricht, wird einfach weggelassen. Subtil und nachhaltig wird diese perfide Selektion betrieben, ein Grund für ihre Wirksamkeit liegt in der ständigen Wiederholung. Sie gaukelt eine Objektivität vor, die keine ist, aber auf Dauer eben doch beim Rezipienten als »Wahrheit« adaptiert wird. Es spielt dann auch keine Rolle mehr, ob ein Einzelbeitrag fehlerbehaftet ist oder nicht – entscheidend ist, dass die Grundaussagen des »Frames« ins Denken der Zuschauer und Zuschauerinnen implantiert werden.

Dieses auch von *ARD-aktuell* bevorzugte redaktionelle »Framing« hat im US-Milliardär George Soros einen seiner innigsten Liebhaber. Unmittelbar nach dem Maidan-Putsch hatte er im April 2014 das Propagandainstitut »Crisis Media Center« gegründet. Das erklärte Ziel dieses Unterfangens war, bestimmte Botschaften in der internationalen Presse zu verankern. Wie aus WikiLeaks-Unterlagen hervorgeht, gab es im März 2014 ein Gespräch zwischen dem US-Botschafter in der Ukraine Geoffrey Pyatt und Soros, in dem der US-Diplomat betonte, wie wichtig es sei, die Sichtweise der neuen ukrainischen Regierung »mit professionellen PR-Werkzeugen zu verbreiten«. Soros pflichtete dem bei und verwies auf das »Crisis Media Center«, das seine Stiftung im Land schon aufgebaut habe und das Ministerpräsident Jazenjuk nun auch stärker nutzen müsse. (www.nachdenkseiten.de, 30.8.2016)

Obwohl alle Fakten und Umstände objektiv dagegen sprachen, setzte Soros seine PR-Werkzeuge dann für die transatlantisch orientierten Medien ein: »Die Ukraine ist Opfer einer ›russischen Aggression‹ – Die ukrainische Übergangsregierung ist legitim – Die Behauptung einer rechtsradikalen Gefahr ist Teil der russischen Propaganda«.

Der Sturz des gewählten, mit Russland sympathisierenden Präsidenten der Ukraine, Viktor Janukowitsch, war eine Inszenierung der USA. Selbst Obama bestätigte: »Putin traf die Entscheidung in Bezug auf die Krim nicht etwa aus einer großen Strategie heraus, sondern einfach, weil er von den Protesten des Maidan und der Flucht von Janukowitsch überrascht wurde, nachdem wir einen Deal zur Machtübergabe ausgehandelt hatten.« (Telepolis, 2.2.2015)

Victoria Nuland, hochintrigante Staatssekretärin des US-Außenministeriums (»Fuck the EU« ≈ Scheiß auf die EU), erklärte auf einer Pressekonferenz am 13. Dezember 2013, dass die US-Regierung in der Ukraine für den Umbruch 5 Milliarden Dollar »investiert« habe. (www.nachdenkseiten.de, 24.2.2014)

Das »Drehbuch« für den Maidan zeigt bemerkenswerte Ähnlichkeit mit dem Handbuch »Special Forces Unconventional Warfare« (2010) der US-Army.[56]

Nach der darin empfohlenen Vorgehensweise soll eine unerwünschte fremde Regierung sturmreif geschossen werden. Auf dem Maidan waren die Methoden alle sichtbar: Instrumentalisierung der Unzufriedenheit der Bevölkerung zur Protest-Inszenierung, Finanzierung von Pseudo-Rebellen und Stellvertreter-Kämpfern, Provokation und Organisation terroristischer Gewalt. Alles getreu nach Lehrbuch des US-Militärs.

Als Reaktion auf den gewaltsamen Putsch des »Rechten Sektors« gegen den gewählten ukrainischen Präsidenten sah sich Wladimir Putin veranlasst, auf der Grundlage eines Referendums – ohne Anwendung von Gewalt – die Halbinsel Krim in die Russische Föderation einzugliedern. Er befürchtete zu Recht die Einrichtung einer NATO-Marinebasis in Sewastopol anstelle des unter Pachtvertrag mit der Ukraine betriebenen russischen Flottenstützpunktes.

Ebenfalls gemäß dem von Soros vorangebrachten Framing wurde der Widerstand der Bevölkerung in der Ostukraine teils kriminalisiert, teils ignoriert. Seine Legitimität ergibt sich schon daraus, dass jeder Bevölkerung in jedem Land der Welt das Recht auf Widerstand gegen Putschisten und deren Machtübernahme zusteht. Diesen Widerstand der ostukrainischen Bevölkerung als Terrorismus zu brandmarken und ihn mit militärischen Mitteln zu bekämpfen ist in der »westlichen Wertegemeinschaft« in anderen Fällen und unter »prowestlichem« Vorzeichen als urdemokratisch und angebracht verherrlicht worden, der Abwehrkampf der Ostukrainer hingegen wurde als russisch-initiierte imperiale Hinterhältigkeit diffamiert. Die Absicht dabei war offenkundig: Die Putschisten in Kiew, das Geklüngel um die Nuland und ihren seinerzeitigen Protegé Jazenjuk, den nachmaligen zeitweiligen »Ministerpräsidenten«, mussten der Weltöffentlichkeit als die »Guten« vermittelt werden.

---

56 »Special Forces – Unconventional Warfare«, https://info.publicintelligence.net/USArmy-UW.pdf.

Zu diesem Zweck, im Rahmen einer durchgängig wirksamen und evidenten Sprachregelung, wurde den rebellierenden Autonomisten in der Ostukraine das irreführende und zugleich abwertende Etikett »prorussische Separatisten« verpasst. Es ignoriert gezielt, dass das förmliche Autonomiestreben der Ostukrainer vertragliche und legale Grundlagen hat, die von Kiew seit dem Putsch missachtet werden; zeitweise hatten die Maidan-Putschisten sogar erwogen, Russisch als Amtssprache abzuschaffen und es gar zu verbieten. Hier liegt eine wesentliche Ursache dafür, dass Teile der ostukrainischen Autonomiebewegung schließlich separatistische Ziele verfolgten und die Angliederung an Russland wünschten, was dort allerdings nicht akzeptiert wurde.

Gleichviel, die Sprachregelung à la Soros förderte ein Framing, in dem die »Guten« (Putschisten = Demokraten) von den »Bösen« (Ostukrainer = prorussische Separatisten) zu unterscheiden waren, und erleichterte die westliche Absicht, den Ostukrainern im Bewusstsein der Weltöffentlichkeit die Identität als »ukrainische Bürger« zu nehmen. »Prorussisch«, *ARD-aktuell* ging noch einen Schritt weiter, könne ein Wahlbewerber genannt werden, der früher einmal für die Partei des gestürzten Janukowitsch kandidiert habe. So die Stellungnahme zu einer Programmbeschwerde. Dass der Putschist Poroschenko unter dem russlandfreundlichen Ex-Präsidenten sogar Wirtschaftsminister war, zählt selbstverständlich nicht in diesem hirnrissig selektiven Verständnis von akzeptablen (westlich orientierten) Kandidaten einerseits und ihren inakzeptablen (weil »prorussischen«) Konkurrenten andererseits. Müsste *ARD-aktuell* solche »Feinheiten« beachten, würde es das sorgfältig aufgebaute »Wording« durcheinander bringen. Der »prorussische Präsident Poroschenko«, das müsste dann ja Konsequenzen haben: keine Schokolade, kein Schnaps von so einem und erst recht keine Merkel-Milliarden für einen wie ihn …

ARD-aktuell hält sich bis heute an die von Soros vorformulierten »Frames«. Verharmlosung von Faschisten im ukrainischen Politikalltag hat das »ARD-Flaggschiff« von Beginn an betrieben. Den Faschisten des bewaffneten »Rechten Sektors«, die den »Maidan«-Konflikt letztlich für sich entschieden, wurde als »Freiheitskämpfern« gehuldigt, marodierende faschistische Milizen gingen als »regierungstreue Kämpfer« durch. Es sei ein »Wording«, das nichts verharmlose, sondern eine zulässige »sprachliche Zuspitzung« sei – so die Rechtfertigung der NDR-Leitung.

Das Präsentieren von Nazisymbolen in Nachrichtenfilmen über die Ukraine war für deutsche Medien ebenfalls kein Problem. Die in Deutschland üblichen Bekenntnisse gegen Nazismus und Rechtsextremismus haben in Berichten über die Ukraine keinen Raum. Das von Soros vorgezimmerte Fensterchen soll dem deutschen Medienpublikum keine Sprünge zeigen.

Zweite tragende Säule der Manipulation: Die deutschen Zuschauer erfahren wenig bis so gut wie nichts über innenpolitische Vorgänge in der Ukraine: Nichts über Schlägereien unter Parlamentsabgeordneten, nichts von Übergriffen auf Gay-Paraden, kaum etwas über die desolaten wirtschaftlichen Bedingungen, erst recht nichts über den zunehmenden Widerstand gegen die Poroschenko-Regierung. Der NATO-Rüstungsgütertransit über Österreich mit 3.200 Zügen in die Ukraine wird ebenso verschwiegen, wie die üblen Zensurmaßnahmen der Regierung in Presse und Funk. Selbst die Stimmung im Land findet bei *ARD-aktuell* kein Interesse. Man muss im Netz suchen, um zu erfahren: 70 % der Bevölkerung sehen die demokratischen Maidan-Ziele nicht erreicht, 53 % finden den Feldzug gegen ihre Mitbürger im Osten der Ukraine falsch. Unzufriedenheit auf der ganzen Linie, aber nichts davon rückt *ARD-aktuell* ins Bewusstsein seines Publikums. Dennoch findet Dr. Gniffke,

> »dass wir immer wieder über die Geschehnisse dort berichten und uns dabei stets um eine ausgewogene und objektive Schilderung der Vorgänge bemühen. Dass der Konflikt mit Russland und die daraus resultierenden Folgen für die internationale Gemeinschaft in der Berichterstattung über die Ukraine eine große Rolle einnehmen, steht für uns als Nachrichtenmedium außer Frage (…).«

Ein Beispiel für diese Art »ausgewogener und objektiver Schilderung« (die zeitliche Eingrenzung ist ebenso zufällig wie willkürlich):

Zwischen dem 19.7.2016 und dem 24.8.2016 gab es rund 40 Meldungen und Berichte auf *tagesschau.de* über die Ukraine. Davon betrafen 18 Meldungen die Auseinandersetzungen an der Grenze zur Krim, alle aus der Perspektive Kiews formuliert, einschließlich der üblichen russophoben Kaffeesatzleserei der Korrespondentin Golineh Atai. Dreimal war der russische Außenminister Lawrow erwähnt, weil er »wegen der Ukraine hart bleiben« wolle. Der Rest war ähnlich formatiert: »Fünf ukrainische Soldaten getötet«, »Russische Raketen auf der Krim« usw. Nur ein Betrag unter diesen 40 konnte als einigermaßen ausgewogen gelten. Und nur fünf Berichte betrafen die Ukraine direkt: »Ukraine feiert 25 jähriges Jubiläum«. Im Übrigen umgibt die Ukraine eine Mauer des medialen Schweigens.

Auf Kiew soll offenkundig kein kritischer Blick fallen, kein Nachdenken über das faschistoide und auf einem Staatsstreich basierende Oligarchen-Regime soll angeregt werden. Regelmäßige Veröffentlichungen über *facts and figures* würden das bis in die Staatsspitze korrupte System in Kiew sehr schnell wegen seiner aggressiven, dilettantischen und antidemokratischen Politik in den verdienten Misskredit bei der deutschen Öffentlichkeit bringen. Korrekte, um Vollständigkeit und Objektivität bemühte Nachrichtengestaltung würde zu der Erkenntnis führen, dass die Ukraine-Politik und Medienberichterstattung in Deutschland von Beginn an ein gigantischer Missgriff waren. Und genau dieser Erkenntnisprozess wird blockiert.

George Soros hat ganze Arbeit geleistet, unauffällig, geräuschlos und effizient.

Grundsätze der Syrien-Berichterstattung

Auch die Syrien-Berichterstattung ist gekennzeichnet von der Exklusion nicht genehmer, die vorgegebenen »Frames« irritierender Informationen, von gezielter, einseitiger Auswahl und willkürlichen Ausschnitten aus dem Geschehen im Land, vorgebracht aber stets mit dem Anspruch, das sei nun jeweils die Realität. Die Wirkung solchen propagandistischen Dauerfeuers auf das Verständnis des deutschen

Publikums ist nicht zu verkennen. Was *ARD-aktuell* aus Syrien berichtet, wird von einer (mittlerweile allerdings deutlich schrumpfenden) Rezipientenmehrheit als authentisch und stimmig eingeordnet, obwohl es alles andere als das ist. Die von *Tagesschau* & Co. verwendeten »Frames« in der Syrienberichterstattung sind übrigens fast identisch mit denen, die während des westlichen Vernichtungskrieges gegen Libyen vor fünf Jahren gebräuchlich waren. Damals hieß es:

> »Gaddafi ist ein diktatorischer Gewaltherrscher. Er lässt auf das eigene Volk schießen und verletzt Menschenrechte. Nichts geht ihm über seine Macht. Die Rebellen führen einen gerechten Kampf gegen ihn.«[57]

Der ermordete libysche Präsident sprach in einem seiner letzten Interviews klarsichtig von Al-Kaida-Söldnern in seinem Land – er meinte damit die »Rebellen« – und bezeichnete die westlichen Interventions-Mächte als Nazis und Terroristen, die nur das Öl des Landes wollten. Das wiederum wurde weidlich ausgeschlachtet, übrigens auch mit tatkräftiger Unterstützung der ARD, um ihm jede Rationalität und Glaubwürdigkeit abzusprechen, er wurde als »schillernder Exot« verächtlich gemacht.

Hier sei an den damaligen deutschen Außenminister Guido Westerwelle erinnert, der den Mut gehabt hatte, sich der westlichen Kriegsallianz zu verweigern und mit einer Stimmenthaltung im UN-Sicherheitsrat Deutschland auf nicht-militärischem Kurs gegenüber Libyen zu halten. Das Medienecho in Deutschland auf seinen Entschluss war, milde formuliert, sehr gemischt.

Das Ergebnis der westlichen Intervention ist bekannt: Libyen ist zerstört, IS und Al Kaida haben ein neues Hinterland gewonnen. Einsichten über das ethische Gebot, über die Notwendigkeit einer der

---

57 Nachweise in: Stefan G. Meier: Propaganda 2.0? Strategien zur Manipulation von Kriegs- und Krisenberichterstattung via World Wide Web. »Frames« und Online-Quellen in der Berichterstattung der ARD-Tagesschau zu Beginn des Libyen-Konflikts 2011 (Magisterarbeit), Wien 2012 (www.hypertxtr.net/page/4).

Unabhängigkeit und Überpar
tung hat das bei *ARD-aktuell* abe

Dass der syrische »Frame« der
dem libyschen ist, unterstreicht nac
nipulation, die die ARD betreibt: Pr
lose »Machthaber«, der Krankenhäuse
mit »Fassbomben« massakriert. Die Rebe
gerechten Kampf um Freiheit, Demokratie

Zusammenhänge, Interessenlagen und H rieges
in und gegen Syrien werden dem Fernsehpub Beginn an
vorenthalten. Dass in und gegen Syrien nicht für Menschenrechte
gemordet, sondern um geostrategische Interessen der von den USA dominierten »westlichen Wertegemeinschaft« gekämpft wird, insbesondere um Öl und Gas, hat zu keinem Zeitpunkt in den Nachrichten von *ARD-aktuell* eine erkenntnisfördernde Rolle gespielt. Auch die Rolle der Türkei wird überwiegend ausgeblendet. Russische Interessen dagegen standen und stehen stets als mehr oder minder illegitim konnotiert im Vordergrund, wenn es um ausländische Mächte geht. Vollkommen übergangen wird, dass es in diesem Krieg auch um die souveräne Existenz Syriens und um den Erhalt seines säkularen Charakters wie seiner territorialen Einheit geht. Da mag einem Präsident Assad gefallen oder nicht.

Die Sendungen haben mit seltenen Ausnahmen anti-aufklärerisch gewirkt. Kein Wort darüber, dass die Strategie der USA und Saudi-Arabiens bereits 2006 von der damaligen US-Außenministerin Condoleezza Rice konzipiert worden war. Erklärtes Ziel: mit Kriegen und Interventionen ein »kreatives Chaos« im Mittleren Osten anrichten (Karin Leukefeld, junge Welt, 5.4.2014). Laizistisch regierte, um ihre Souveränität, Unabhängigkeit und Einheit bemühte Staaten sollten aufgelöst und die Region mit regionalen Kleingebilden nach ethnischen und religiösen Kriterien neu, aber mitnichten rechtsstaatlich, »geordnet« werden. In Libyen und im Irak scheint dies weitgehend gelungen zu sein, in Syrien nicht, jedenfalls noch nicht. Dass dies wesentlich der – sicher nicht ganz selbstlosen – russischen Intervention zu danken ist, ist für *ARD-aktuell* offenbar eine unerträgliche Vorstellung.

[illegible] ntischer Auslöser für den von Katar, Saudi-Ara- [illegible] SA gestarteten Versuch, Assad aus dem Amt zu kip- [illegible] dessen Weigerung, eine Gas-Pipeline aus dem von Katar an- [illegible] pften Öl- und Gasfeld im Persischen Golf durch sein Land in die Türkei und von dort nach Europa legen zu lassen – und sich damit nicht nur dem westlichen Öl-Gas-Imperium zu unterwerfen, sondern zugleich behilflich zu sein, dem befreundeten Russland den westeuropäischen Markt abspenstig zu machen. Russland sollte nicht nur wirtschaftlich unter Druck gesetzt werden, sondern mit Syrien einen weiteren Gegner an seine südliche Peripherie gepflanzt bekommen.

Kein Wort verlor *ARD-aktuell* darüber, dass der Golfstaat Katar – nachdem Assad sich quergelegt hatte – bereits 2011 Großbritannien, die USA, Frankreich und die Türkei darüber informiert hatte, er agitiere, instruiere, bewaffne und finanziere jetzt Oppositionelle in Syrien, um letztlich Präsident Assad zu stürzen. (Helmut Scheben, in: Infosperber, 2.12.2015)

Selbst WikiLeaks-Veröffentlichungen, wonach die CIA bereits 2009, kurz nachdem Baschar al-Assad die Katar-Pipeline verworfen hatte, mit der Finanzierung von oppositionellen Gruppen in Syrien begann, wurden der deutschen Fernseh-Öffentlichkeit vorenthalten.[58] Es hätte das Märchen vom Schutz der syrischen Bevölkerung und Verteidigung der Menschenrechte schnell entlarvt.

Objektive Kriegsursachen dieses Kalibers rational zu vermitteln, sah sich die *Tagesschau* nicht verpflichtet. Sie fokussierte ihre Berichterstattung fast ausschließlich auf die »Untaten« des syrischen Präsidenten Assad. Dass dessen repressive Innenpolitik nur eine sehr untergeordnete Rolle unter den Kriegsursachen spielt, kehrte *ARD-aktuell* unter den Teppich.

Ihre »Qualitätsjournalisten« vermieden es hartnäckig, die Auseinandersetzung in Syrien auch als Stellvertreter-Krieg ausländischer Staaten darzustellen. Sie machten stattdessen vergessen, dass vermeintliche Feinde der USA – darunter auch ein deutscher Staatsbürger – ein paar Jahre vor dem Krieg gegen Assad – insgeheim mit deutscher Unterstüt-

58 Vgl. Robert F. Kennedy Jr., www.nachdenkseiten.de, 17.3.2016.

zung nach Syrien verschleppt, dort gefoltert – und später von deutschen Beamten des Bundesnachrichtendienstes vernommen worden waren. Die damit verbundenen Skandale – einschließlich des rechtsnihilistischen Bekenntnisses des seinerzeitigen Innenministers Schäuble, man könne auch Informationen nutzen, die möglicherweise unter Folter erlangt wurden (Stern, 18.12.2005) –, zu berichten und bei Gelegenheit daran zu erinnern, um sie im Langzeitgedächtnis der Öffentlichkeit zu bewahren, hat *ARD-aktuell* nicht für seine Aufgabe gehalten.

Ebensowenig passte es lange Zeit ins Konzept von *ARD-aktuell*, über die massiven Destabilisierungsaktivitäten des NATO-Landes Türkei zu berichten. Der britische Journalist Nafeez Ahmed (The Guardian) veröffentlichte bereits 2014, dass die Türkei dem Islamischen Staat für rund eine Milliarde Dollar Öl abkaufte und so eine umfassende Unterstützung terroristischer Aktionen sicherte. Nichts darüber in *Tagesschau* oder *Tagesthemen*. Als Präsident Putin Ende 2015 genaue Angaben, Fotos und Beweisdokumente über die Schwarzmarkt-Ölgeschäfte zwischen IS und Türkei präsentierte, sah sich *ARD-aktuell* noch immer nicht zu einer Nachricht veranlasst. Dr. Gniffke verwies zu seiner Entlastung auf einen Beitrag des *Bayerischen Rundfunks* 15 Monate zuvor und auf einen Film, der am 18. April 2015 bei Arte zu sehen gewesen war. Der NDR-Rundfunkrat unterstützte diese dreiste Rechtfertigung für die Nachrichtenunterschlagung im eigenen Bereich.

Dem offiziellen Hinweis des US-Außenministeriums am 11. Dezember 2012, ausländische Terrorgruppen operierten bereits seit 2011 in Syrien, schenkte *ARD-aktuell* ebenfalls keine Aufmerksamkeit. Genauso wenig der Mitteilung, dass der Al-Kaida-Ableger »Al-Nusra« nach US-Angaben bereits für mehr als 600 mörderische Anschläge und Attacken in Syrien verantwortlich war. *ARD-aktuell* ging es ausschließlich darum, den Eindruck zu erwecken bzw. zu verstärken, dass Präsident Assad sein eigenes Volk mit Fassbomben bekämpfe und selbst vor Giftgasangriffen nicht zurückschrecke, Behauptungen, die regelmäßig unbewiesen blieben oder widerlegt wurden.

Dass aus – durchaus verständlichen – anfänglichen Demonstrationen in Syrien innerhalb kurzer Zeit ein mörderischer Krieg mit Islamisten-Kämpfern aus aller Welt gemacht worden war, und zwar mittels Geldern, Waffen und Knowhow aus dem Ausland, hinderte die Mainstream-Medien und so auch *ARD-aktuell* nicht daran, an der Legende vom syrischen »Bürgerkrieg« festzuhalten. Dass es sich um einen Stellvertreter-Krieg handelt, in dem hauptsächlich vom Westen geschickte und bezahlte Söldner einen souveränen Staat terrorisieren und ruinieren, wird dem deutschen Publikum nicht vermittelt. Auch nicht, dass »unsere westliche Wertegemeinschaft« mit ihrer materiellen und immateriellen Unterstützung dschihadistischer und terroristischer Milizen ständig gegen das Völkerrecht verstößt.

Indem westliche Politiker und Medien den Unterschied zwischen ausländischen Terrormilizen und gewaltsam rebellierenden syrischen Oppositionellen verschleierten, hatten sie im Informationskrieg gegen Präsident Assad frühzeitig die Oberhand gewonnen. Der sitzt seither in einer publizistischen Falle. Ob ausländische Terroristen oder inländische Oppositionelle, beide gelten in der westlichen Öffentlichkeit unterschiedslos als Opfer des »Assad-Regimes«, umkränzt von der Legende, der Staatschef sei nur darauf aus, die eigene Bevölkerung, soweit ihm nicht hörig, abzuschlachten.

Diese publizistische Taktik, ein klassischer Propaganda-Schachzug, ist ebenfalls im bereits zitierten US-Militär-Handbuch über die Destabilisierung gegnerischer Staaten zu finden:

> »Selbst wenn US-Streitkräfte oder ausländische Kämpfer einen Aufstand oder eine Widerstandsbewegung unterstützen, sollten die Planer sie nicht als Teil des Aufstands kategorisieren. Planer sollten diese Elemente als Aktivisten, Vermittler, Berater oder Anhänger bezeichnen.«

»Aktivisten« oder »moderate Rebellen«, diese und vergleichbare verbale Betäubungsmittel gehören nach wie vor zur Grundausstattung im ARD-»Wording«. Sie sind auch aktuell noch im Gebrauch, obwohl inzwischen unbestreitbar ist, dass alle Anti-Assad-Einheiten in Westsyrien unter dem Kommando der Al-Kaida-Milizen stehen. Sie haben zwar ihren Namen geändert, bilden aber eine Kampffront mit den Salafisten und den versprengten Einheiten anderer – militärisch bedeutungsloser – Assad-Gegner, darunter die Freie Syrische Armee. Sie wurden zumindest bis zum Zeitpunkt der Befreiung Ost-Aleppos von der westlichen Kriegsallianz gegen Assad unter Bruch des Völkerrechts weiterhin mit Waffen versorgt und durften auch weiterhin unbeirrt als »Rebellen«, »Aufständische« oder »demokratische Oppositionelle« verharmlost werden. Harald Kujat, früherer Generalinspekteur der Bundeswehr, meinte dazu:

> »Und ich finde es nicht logisch, dass wir auf der einen Seite hier uns mit den Angriffen in Europa, in Deutschland und in Frankreich mit den Terroristen auseinandersetzen müssen und gleichzeitig für sie Partei ergreifen, wenn sie in Syrien kämpfen. Das fügt sich nicht zusammen«. (Deutschlandfunk, 3.8.2016)

Trotz einer Vielzahl an Programmbeschwerden zeigten *ARD-aktuell* und die für die Syrien-Berichterstattung zuständigen ARD-Studios des *Bayrischen Rundfunks* und des SWR, dass sie kaum geneigt sind, den Begriff »Rebellen« aus ihrem Nachrichtenvokabular zu streichen oder ihn nur für solche Kampfgruppen zu verwenden, auf die er tatsächlich passen mag.

Erstaunlich ist, dass viele Menschen die Mär von den syrischen »Rebellen« noch immer für bare Münze nehmen. Dieses Phänomen haben Wissenschaftler zu erklären versucht: »Denken verläuft überwiegend unbewusst und emotionsbasiert ab (...) Wir verstehen neue Sachverhalte in Begrifflichkeiten eines vertrauten, konkreten Erfahrungsbereiches«, so der US-amerikanische Linguist und Politikberater George Lakoff, »es kommt dabei nicht auf die Faktenvermittlung an, sondern auf die Deutungsmuster in den Köpfen der Rezipienten. Mittel hierfür sind bestimmte Bilder und Wörter, die als Hinweise bzw. Trigger fungieren und permanent wiederholt werden, um als Wahrheit den Weg in die Köpfe zu finden.«[59]

---

59 Vgl. Ständige Publikumskonferenz, 4.9.2016, Kapitel 3, »Das Ende des Informationsjournalismus – Storytelling in der ARD-Griechenlandberichterstattung 2015«.

Das Wort »Rebellen« ist in der Syrien-Berichterstattung der ARD einer der wichtigsten und ständig verwendeten »Trigger«. Rebellion bezeichnet Aufstand, Auflehnung gegen eine vorfindliche, aufgenötigte Herrschaft, gegen etwas Gegebenes, als nicht (mehr) erträglich Empfundenes. Zwar war das Wort »Rebell« in früheren Jahrhunderten abwertend. Das Deutsche Rechtswörterbuch nennt in der Sprache des 18. Jahrhunderts den Rebellen in einem Atemzug mit dem »Aufwiegler«, »Meuterer« und »Obrigkeitsschänder«. Doch im Gegensatz dazu kennen wir den Rebellen auch als positiv betrachtete Figur, vor allem aus der Literatur: Robin Hood, Wilhelm Tell, Marquis von Posa, Karl Moor, Michael Kohlhaas... In heutiger Zeit, besonders in der Popkultur, assoziiert man mit dem Begriff »Rebell« auch gerne »jung«, »ungezähmt«.

Mit Ikonen wie Che Guevara oder Filmberühmtheiten wie der Rebellen-Allianz bei Star-Wars identifizieren sich unzählige Menschen, sichtbarer Beweis dafür, dass »Rebell« heute ein Wort mit positiver Konnotation ist. Auf welch absurde Weise es in der Berichterstattung über Syrien missbraucht wird, wird schon daran deutlich, dass aus Syrien zurückgekehrte Dschihadisten in Deutschland nicht als Rebellen, sondern als Terroristen bezeichnet werden.

Über die positive oder zumindest neutrale Konnotation des Begriffs »Rebellen« dürfte man sich bei der ARD nicht im Unklaren sein. Dennoch wird der Wortgebrauch nicht verändert, verlöre die Anti-Assad-Berichterstattung dann doch einen wichtigen emotionalen Pfeiler. Das könnte das Denken in unserem Land über diesen Krieg verändern und das einseitige Feindbild ins Wanken geraten lassen.

Eine Folge dieses »Wordings«: Berichte über Gräueltaten von »Rebellen« bleiben weitgehend außer Betracht. So das Massaker an 20 Drusen im Juni 2014, die genüsslich-langsame, mit einem Messer vollzogene Enthauptung eines zwölfjährigen Jungen vor laufender Kamera im Mai 2016 oder die Entführung und Ermordung von mindestens 70 Frauen in Al-Zara im gleichen Monat.[60]

60 Vgl. z. B. Michael Lüders: Der Krieg in Syrien und die blinden Flecken des Westens, in: Blätter für deutsche und internationale Politik 3/17, S. 45-53.

Der syrisch-katholische Erzbischof Jacques Behnan Hindo sagt dazu:

»Die westliche Propaganda redet weiterhin von gemäßigten Rebellen, doch die gibt es nicht: in der Galaxie der bewaffneten Gruppen sind die Soldaten der syrischen Befreiungsarmee nur mit einer Lupe zu finden. Alle anderen, abgesehen vom IS, haben sich in der Al-Nusra-Front zusammengeschlossen, ein Ableger der Al Kaida in Syrien«. (www.nachdenkseiten.de, 5.10.2015)

In einer Programmbeschwerde vom 13. Februar 2016 (s. Nr. 10, S. 71 f.) hatten wir moniert, dass die Äußerung des katholischen Bischofs von Aleppo, die Erfolge der syrischen Armee verbesserten die Lebensbedingungen der Menschen in den von »Rebellen« befreiten Stadtteilen, *ARD-aktuell* keine Meldung wert war. Die Antwort Dr. Gniffkes lautete:

»Sie bezeichnen die Aussagen des Bischofs selbst als ›informativ‹. Dieser Einschätzung schließen wir uns an. Es ist *ARD-aktuell* allerdings nicht möglich, über jedes Statement im Zusammenhang mit dem Krieg in Syrien zu berichten. Für zwingend meldenswert hielten wir die Aussagen nicht.«

Nur in einem einzigen Fall wurde eingeräumt, dass der Begriff »moderate Rebellen« wohl korrekturbedürftig sei:

»Ein Aspekt war die Kritik der USA, Russland greife nicht nur die Terrororganisation IS an, sondern auch vom Westen unterstützte Gruppen. In diesem Zusammenhang wurde die Formulierung ›gemäßigte Rebellen‹ gebraucht. Die Verwendung dieses von westlichen Staaten geprägten Begriffs erfolgte im Kontext des erhobenen Vorwurfs. Die Redaktion hätte dies noch deutlicher herausarbeiten können, beispielsweise durch den Zusatz ›Rebellen, die von den USA, dem Westen als gemäßigt bezeichnet/eingestuft werden.‹«

Von *ARD-aktuell* bzw. seinem Chefredakteur stammt dieses selbstkritische Eingeständnis freilich nicht, sondern von der NDR-Hörfunk-Chefredakteurin Claudia Spiewak.

Ein anderer Schwerpunkt bei *ARD-aktuell* war die Bombardierung von Krankenhäusern durch die syrische und russische Luftwaffe. Die ARD-Reporter des Auslandsstudios in Kairo berichteten über solche Kriegsverbrechen zwar regelmäßig, lehnten eigene Recherchen aber ab, weil sie – sicher nicht ganz unbegründet – befürchten, dabei ihr Leben aufs Spiel zu setzen. Stattdessen stützten sie sich ohne gebührende Distanz und Quellenkritik auf dubiose »Medien-Aktivisten« aus den Terroristen-Gebieten, die gegen Honorar Video-Filme aus den bombardierten Gebieten lieferten. Der Produktionsablauf: Im 1.000 km entfernten Studio Kairo sichtete das Personal die Rohfassung der Videos, schnitt und kommentierte sie. Die Endfassung erhielt am Ende der Kette Dr. Gniffke für die jeweiligen *Tagesschau*-Ausgaben.

Im Klartext: Das Publikum sah Filme, deren Wahrheitsgehalt nicht überprüft wurde und nicht überprüfbar war. Auch hier sind die Libyen-Parallelen unübersehbar.

Welche Rolle der Leiter des Studios in Kairo, Volker Schwenck, bei alledem eigentlich spielte, ist unklar. In einer Programmbeschwerde wurde *ARD-aktuell* darauf hingewiesen, dass es unter Schwencks gepriesenen »Medien-Aktivisten« einen gab, der neben Kontakten zu Katar, das die Terroristen unverhohlen unterstützt, auch Beziehungen zu rechtsextremen Teaparty-Kreisen in den USA pflegte. Die in einem Schwenck-Beitrag als Vorbild gepriesene »ARD-Verbindungsperson« wurde allerdings auch in vertrauter Pose mit islamistischen Mördern fotografiert.

Die betreffenden Bilddokumente müssten eigentlich jeden ARD-Repräsentanten sofort auf Abstand gehen lassen. Den SWR-Informationsdirektor Hauser ließen sie unbeeindruckt:

> »Dass es auch im 5. Jahr des Bürgerkriegs noch oppositionelle Aktivisten gibt, die auf friedliche und demokratische Weise Widerstand leisten, bestätigen unsere syrischen Kontakte. Es steht Ihnen frei, dies anzuzweifeln, doch der SWR hält diese Informationen

für zuverlässig. Reisen von Aktivisten ins Ausland auf der Suche nach Unterstützung oder Fotos im Internet sind unserer Ansicht nach kein stichhaltiger Gegenbeweis.«

Weil nicht sein kann, was nicht sein darf. Bei Krankenhausbombardierungen, die der syrischen Armee und der russischen Luftwaffe angelastet wurden, reichen fragwürdige Videos besagter »Aktivisten« unhinterfragt als Beweise aus und werden als Grundlage objektiver Berichterstattung ausgegeben. Ein anderes Beispiel:

> »Bei einem Angriff auf ein Krankenhaus starben mindestens 30 Menschen, darunter auch einer der letzten Kinderärzte in dem Bezirk. Die USA verurteilten den Vorfall scharf.«

Die isolierte Erwähnung eines US-Protests funktioniert hier zugleich als Schuldzuweisung an die Gegenseite, allerdings eine beweislose. Das fällt dem Zuschauer aber nicht ohne Weiteres auf, er muss es sich eigens bewusst machen. Und weiter:

> »Syrische Regierung und Russland wollen es nicht gewesen sein. Von wem die Bombardements ausgeführt wurden, blieb zunächst unklar.«

Mit dieser kaum noch neutral wirkenden Formulierung suggeriert die Redaktion: Syrer und Russen waren die Täter, sie wollen es nur nicht zugeben. Dem scheinbar einschränkenden »blieb zunächst unklar« folgen keine beweiserheblichen Informationen und journalistisch einwandfreien Fakten mehr, es ist ein überflüssiger Schnörkel. Statt Information folgt schließlich schiere Spekulation:

> »Die USA vermuten hinter dem Beschuss die syrischen Regierungstruppen«,

als wären nicht weiter begründete Vermutungen der USA alleine schon ein schlüssiger Beweis für die unterschwellige Botschaft: Es waren die »syrische Armee« und die »Russen«, ohne Zweifel. Die Antwort auf die entsprechende Beschwerde ist typisch:

> »Auch bei der Frage nach dem Angreifer bleiben wir in dem Text sachlich. Wir haben lediglich die Reaktionen einiger wichtiger Parteien im Syrien-Konflikt referiert. Neben den Hilfsorganisationen, den USA, dem Assad-Regime und Russland wurden bspw. auch die Reaktionen seitens der UN erwähnt. Weder direkt noch indirekt haben wir uns ›auf eine Täterschaft‹ festgelegt.«

Dem ist formal nicht zu begegnen: *ARD-aktuell* behauptet tatsächlich an keiner Stelle direkt, wörtlich und ausdrücklich, dass Russland oder die syrische Armee das Krankenhaus bombardiert hätten. Aber die Redaktion insinuiert genau das, sie bringt dem Zuschauer diese Schlussfolgerung nahe. Diese Methode durchzieht die Syrien-Berichterstattung von *ARD-aktuell*.

Die Redaktion füttert die Zuschauer mit fragwürdigen und unbewiesenen Informationen, überlässt es als Autoritäten geltenden Dritten, im obigen Fall den USA, denselben den gewünschten Drall zu versetzen und baut darauf, dass das Publikum schon von selbst auf den Trichter kommt. Die Wiederholung des stets gleichlautenden Behaupteten erweckt den Eindruck von Faktischem, das der Berichterstatter dann nicht mehr selbst zu formulieren braucht, es anderenfalls aber als pure Spekulation kenntlich machen müsste. So erzielt man den beabsichtigten Effekt und hält sich doch den Rücken frei. Niemand kann einem offene Falschinformation vorwerfen, der Zuschauer hat das Gefühl, die Wahrheit zu kennen. Da als möglichen Tätern nur von syrischer Armee und russischer Luftwaffe die Rede ist, wird unter der Hand auch klargestellt: Die müssen es gewesen sein, »auch wenn wir einräumen – der Wahrheit wegen –, dass wir es nicht beweisen können«.

Das alles ist kein absichtsfreies Versehen. Es hat System. In einem weiteren Fall berichtete *ARD-aktuell* über eine Krankenhausbombardierung, die gar nicht stattgefunden hatte, und über 24 Opfer, die sich nicht nachweisen ließen und von denen am Ende eines übrig blieb: Todesursache unbekannt. Die Reaktion des verantwortlichen Intendanten auf die Programmbeschwerde: »Nach wie vor bin ich und sind die Kollegen und Kolleginnen überzeugt von der seriösen und unabhängigen Berichterstattung von Volker Schwenck in der äußerst komplexen und gefährlichen Situation vor Ort.« Bei fehlenden Argumenten gilt als Grundsatz; Selbstbeweihräucherung statt Sachauseinandersetzung. Nichts Neues in der ARD.

Wie im Einzelnen Nachrichten bearbeitet werden, demonstriert Dr. Gniffke in einer seiner Stellungnahmen, bei der er sich auch auf die bewährte Arbeitsweise des Kairoer Studioleiters bezieht:

> »Zusätzlich zu den Agenturmeldungen (dpa, Reuters, AP) wurden auch Informationen des ARD-Studioleiters in Kairo mit einbezogen. Der Korrespondent hatte eine eigene Quelle in Syrien, die ihm von dem Angriff und den Folgen berichtet hat und die auch ein Video übermittelte, das aber so grausame Bilder zeigte, dass die Redaktion von einer Ausstrahlung Abstand nahm. Die Quelle war sich sicher, dass russische Kampfflugzeuge die Urheber gewesen seien. Der Redaktion lag der Schriftwechsel zwischen dem Studioleiter und dem Informanten hierzu am betreffenden Abend vor. Genaue Kenntnis hatte der Chef vom Dienst.
>
> Sämtliche Agenturen sowie die Quelle des Korrespondenten sprechen von mutmaßlich russischen Luftschlägen, dementsprechend hat die Redaktion – mit der nötigen Einschränkung wegen der nicht eindeutig zu klärenden Quellenlage – in der vorliegenden Form berichtet.«

Vorab beachte man den aufschlussreichen Widerspruch innerhalb dieser Stellungnahme selbst: Wieso spricht »die Quelle des Korrespondenten« ganz unvermutet von »mutmaßlichen russischen Luftschlägen«, wo sie sich zuvor doch »sicher« gewesen war, dass es sich um solche handelte? Und wie kommt der Korrespondent dazu, dies dann unhinterfragt als Wahrheit zu vermelden?

ARD-aktuell setzt damit darüber hinaus das Grundprinzip sauberen journalistischen Arbeitens außer Kraft: Nur melden, was mindestens zwei voneinander gänzlich unabhängige Quellen der unterschiedlichen Konfliktparteien in wesentlicher Übereinstimmung berichten, und dabei das »audiatur et altera pars« – stets auch die andere Seite hören, bevor man sich ein Urteil bildet – beachten. Wenigstens zur Kenntnis zu nehmen, was die andere Seite sagt, lehnt der Chefredakteur von *ARD-aktuell* dezidiert ab, Medien wie *Sputniknews* oder die Nachrichtenagentur *SANA* sind ihm erklärtermaßen von vornherein suspekt, weil russisch bzw. syrisch. Über »Sputnik« als Quelle ließ der Dr. Gniffke in einer Reaktion auf eine der früheren Beschwerden wissen:

> Dieses Nachrichtenportal ist Teil des staatlichen russischen Medienunternehmens Rossija Sewodnja. Der Generaldirektor von Sputnik, Dmitri Kisseljow, ist auf einer EU-Sanktionsliste und u. a. mit einem Einreiseverbot in die EU belegt. Insofern erscheint der Redaktion von ARD-aktuell diese Quelle weder als unabhängig noch seriös, sondern ganz offensichtlich als staatlich kontrolliert.«

Die »Syrische Beobachtungsstelle für Menschenrechte« (SOHR) mit Sitz in einem Reihenhaus im britischen Coventry gilt hingegen als zitierenswert. Geleitet wird sie von einem Assad-Gegner, einem Kleiderladenbetreiber mit Vergangenheit, einer zwielichtigen Persönlichkeit, unter dem Pseudonym Rami Abdul Rahman. Sein bürgerlicher Name ist Osama Suleiman, und wovon er seine »Beobachtungsstelle« eigentlich finanziert und wie er an seine Nachrichten kommt, bleibt im Dunkeln (siehe auch Programmbeschwerde 8, S. 167-169).

Die Informationen, die Suleiman seit Jahren verbreitet, stammen meist von »Aktivisten«, deren Namen aus »Sicherheitsgründen« geheim bleiben sollen. Die *New York Times* berichtete (9.4.2013), der Mann erhalte nach seinen Angaben Unterstützung von der »Europäischen Kommission« und von einem Land, welches er nicht nennen wollte. Suleiman, der nach seinen Angaben in Syrien mehrmals im Gefängnis saß, kam im Jahr 2000 als politischer Flüchtling nach London. Belegt sind seine Kontakte mit William Hague, bis 2014 britischer Außenminister. Der Publizist Jürgen Todenhöfer schreibt über ihn:

> »Dieser Rami Abdul Rahman versorgt die ganze Welt mit Nachrichten, die besonders in den ersten zwei Jahren zu einem großen Teil aus Märchen bestanden.«

Dr. Gniffke fechten trotzdem keine Bedenken an, auf die Angebote dieses Mannes und seines Ladens zurückzugreifen:

> »(In Gesprächen mit Experten) war Konsens, dass die Organisation eine wichtige in Syrien offenbar gut vernetzte Quelle ist, die man mit der gebotenen Vorsicht verwenden sollte. Genauso handhabt es die Redaktion.«

Die Legitimität eines Standpunkts soll hier durch Berufung auf eine fachliche Autorität bewiesen werden. Da diese Experten aber nicht einmal genannt werden und unklar bleibt, ob auch Gegenpositionen berücksichtigt wurden, werden wieder einmal nur Scheinbeweise geliefert.

Der »Redaktionsschwanz«, dass »eine unabhängige Überprüfung der SOHR-Angaben nicht möglich sei«, ist nach Dr. Gniffkes Auffassung ausreichend, das Objektivitätsstreben seines Hauses zu belegen. Das ändert nichts daran, dass *ARD-aktuell* damit unbewiesene Behauptungen als Tatsachen verbreitet. Der simple Trick: Es wird Unbewiesenes unter Berufung auf einen anderen in den Nachrichtenraum gestellt, die Gewährleistung dafür aber ausdrücklich nicht gegeben. Formal nicht anfechtbar, aber trotzdem unsauber. Denn allein damit, dass das Unbewiesene von der *Tagesschau*, als mit Seriositätsanspruch ausgestattet, berichtet und ihm dergestalt Wahrscheinlichkeitsgehalt beigemessen wird, gewinnt die unbewiesene Behauptung im Verständnis des Rezipienten eigenständige Glaubwürdigkeit. Ein gängiges Modul der Exkulpation, es befreit die Redaktion vom Vorwurf, in verhüllter Form Propaganda zu betreiben.

Bei den Programmkontrolleuren, den Rundfunkräten: der erwartete Schulterschluss. Sie legten sogar noch ein Schippe drauf und weigerten sich, Programmbeschwerden zu behandeln, bei denen es um die Glaubwürdigkeit des Rami Abdul Rahman geht.

Betrachtung nach der Befreiung Ost-Aleppos

Obwohl bekannt war, dass sich Ost-Aleppo im Würgegriff der (neben dem IS) militärisch potentesten Terrororganisation Al-Nusra-Front (al-Kaida-Ableger) befand und es Syrern und Russen darum ging, die Bewohner des Ostteils aus den Händen dieser Dschihadisten zu befreien, wurde in den transatlantisch orientierten Medien der Eindruck vermittelt, als kämpften in Ost-Aleppo »Rebellen« für die Befreiung der Bevölkerung vom Terror Putins und Assads. Die *Tagesschau* ging bei dieser Meinungsmache mit schlechtem Beispiel voran.

Der Syrien-Experte Michael Lüders (Blätter für deutsche und internationale Politik, 3/17, S. 45) stellt die naheliegende Frage, wie es nur möglich sei, dass die USA praktisch mit al-Kaida gemeinsame Sache machten und kein Leitartikler, kein Minister aufstehe und erkläre: Nicht mit uns, Freunde!? Seine Antwort: Das Apocalypse-Now-Szenario diene alleweil dazu, kritische Fragen zu blockieren und das Narrativ zu pflegen, wir hier sind die »Guten«, das dort sind die »Bösen«.

Seine Antwort ist zutreffend, aber unvollständig, weil sie nicht ausreichend berücksichtigt, dass die Medienmacher – auch die in der *ARD-aktuell* – in diesem Feld zumeist die treibende und entscheidende Kraft sind. Nicht nur Pfleger und Verbreiter des friedensfeindlichen Narrativs, sondern häufig seine Erzeuger. Diese Macher wussten seit Jahren über die Zusammenhänge Bescheid, bzw. sie mussten darüber Bescheid wissen. Es ist kein Versehen, keine Fahrlässigkeit, sondern böser Wille, brutale al-Kaida-Terroristen als Widerstandskämpfer auszugeben und ihnen den verbalen Tarnmantel »moderate Rebellen« umzuhängen – und mit diesem sprachlichen Dreh die deutsche Öffentlichkeit über den wahren Charakter jener Mörderbande zu täuschen.

Darf man den Medienverantwortlichen wirklich vorsätzlichen Missbrauch ihrer meinungsbildenden Macht und friedensfeindliche Propaganda vorwerfen? Die Vielzahl der Programmbeschwerden, die ständigen Hinweise aus dem Publikum auf glaubwürdige Quellen realitätsgetreuer Informationen einerseits und andererseits die starrsinnige Verweigerungshaltung des SWR-Intendanten Boudgoust, seines Studio-Leiters Volker Schwenck in Kairo, des NDR-Intendanten Marmor und seines Chefredakteurs Dr. Gniffke in Hamburg nähren den Verdacht, dass die Öffentlichkeit mit Absicht hinters Licht geführt wurde. Agitationsziel war, Russland und die syrische Regierung als skrupellos und verbrecherisch zu dämonisieren. Menschliches Leid, das mit allen Kriegen verbunden ist, nutzten *ARD-aktuell* & Co. hemmungslos zur Stimmungsmache, sie verzichteten weitgehend auf politische Analysen; unübersehbar war der Zweck dieser manipulativen Nachrichtengestaltung, das Publikum gegen die Befreier Ost-Aleppos aufzubringen und die politischen Köpfe Putin und Assad als die eigentlichen Kriegsverursacher darzustellen.

Das gleich nach der Befreiung schlagartig nachlassende Interesse von *ARD-aktuell* an Aleppo und seiner leidgeprüften Bevölkerung ist ein deutliches Indiz dafür, wie absichtsvoll angelegt und zugleich verantwortungslos dieser kriegstreiberische journalistische Kurs war. Zahlen belegen das. Für den Zeitraum vom 1.12.2016 bis zur völligen Befreiung der Stadt – also in einem einzigen Monat – sind im Internet auf *tagesschau.de* rund 70 Beiträge abrufbar, davon 19 Videos. In den drei Monaten danach – vom 1.1.2017 bis 31.3.2017 – schrumpfte die Zahl der Informationsangebote auf rund 25 Beiträge über die Kriegsregion Aleppo. Das Schicksal der Bevölkerung spielte nach der Befreiung keine Rolle mehr. Über die umfangreiche humanitäre Unterstützung durch Russland und die Mühen bei der Bewältigung der Folgen der grauenhaften Herrschaft der »Rebellen« schwieg *ARD-aktuell* sich aus. Das zeigt, wie wenig es den Gniffkes und Schwencks tatsächlich um Vermittlung von Informationen über die vom Krieg heimgesuchten Menschen ging und geht.

Gleich gänzlich von der informationellen Bildfläche verschwunden sind die mit Rundfunkgebühren entlohnten »Aktivisten« des »Aleppo Media Centers«. Faktisch waren sie Propagandisten der Terroristen, wurden deshalb vom Westen finanziert und auch von der ARD als unentbehrlich ausgegeben und gepriesen. Selbst von der Truppe der »Weißhelme«, die im Umfeld von Dschihadisten agierte sowie abenteuerlicherweise mit dem Alternativen Friedensnobelpreis geehrt und der deutschen Öffentlichkeit als vorbildliche Hilfsorganisation präsentiert wurde, ist nichts mehr zu hören und zu sehen. Von den mehr als 100 Millionen Dollar (!) auch nicht, die dieser Verein von den USA, der EU und einzelnen europäischen Regierungen innerhalb von drei Jahren einstrich. Allein anno 2016 zahlte Außenminister Steinmeier sieben Millionen Euro an diese Bande … (vgl. das Nachrichtenmagazin »Hintergrund«, 24.11.2016).

Dass alle nötigen Informationen für ein stimmiges Bild von der Situation in Ost-Aleppo nun zwar für jedermann zugänglich sind, aber *ARD-aktuell* sie nicht einmal zu einer wenigstens nachträglichen Korrektur und Neuorientierung der Informationsarbeit nutzt, zeigt das berufsethische Versagen der Verantwortlichen, wir sehen die Schattenseite der ARD.

VIII.
Wer fragt, ist selbst schuld

Das Chaosprinzip als Sender-Schema

Unter *intern.tagesschau.de/fragen* erreicht der interessierte Zuschauer die Seite »Fragen & Antworten« der *Tagesschau.* Da dort keine echte Zuschauerfrage zugelassen ist, hat die Redaktion in mühsamer Arbeit die Fragen erfinden müssen. Denn wer sich selbst fragt, der kann auch einfacher antworten. Eine der wichtigsten Antworten findet sich am Ende des Katalogs. Auf die Frage »Warum stimmen die Wetterberichte manchmal nicht?« findet die Redaktion zwei geniale Antworten: »Zum einen ist und bleibt Wetter ein sehr komplexes System. Trotz modernster Computertechnologie ist es nach wie vor nicht möglich, absolut exakte Wettervorhersagen zu machen.« Wer das Wort »Wetter« durch das Wort »Nachrichten« ersetzen würde, der hätte viel von der *Tagesschau*-Philosophie begriffen: Alles ist so komplex hier! Und auch der nächste Satz hat es in sich: »Zum anderen haben die Wetter-Redakteure das Problem, dass Wetterberichte nicht unendlich lang sein dürfen.« Weil der liebe Gott der ARD vor vielen, vielen Jahren das 11. Gebot gegeben hat – Du sollst Nachrichten nie und nimmer länger als 15 Minuten senden! –, gerät die *Tagesschau* in die bekannte Atemnot. Um aus dieser selbstgeschaffenen Verlegenheit einen Ausweg zu finden, gibt es zuweilen einen ARD-Brennpunkt. Der lässt dann 10 bis 30 Minuten für ein einziges Thema zu. Tatsächlich sind die Brennpunkte heiß: Mit der heißen Nadel gestrickt, verbreitern sie zumeist das Thema, von vertiefen kann nur selten die Rede sein. Und so gilt denn dieser schöne Satz »Wetter funktioniert nach dem Chaosprinzip und bleibt daher in einem gewissen Maße unberechenbar« selbstverständlich auch für die Nachrichten.

Das Chaosprinzip findet natürlich sein Ende, wenn dieser Halbsatz seine Anwendung findet: »Auch wenn im Zweifel die Chefredaktion das letzte Wort hat«. Er ist die Kernantwort auf die Frage »Welche Nachrichten werden gemeldet?« und sollte in Stein gemeißelt über dem Eingang zum Sendehaus in Hamburg-Lokstedt angebracht werden. Zu den Kriterien der Nachrichtenauswahl finden sich die Begriffe »Relevanz, Neuigkeitswert und vermutliches Zuschauerinteresse« als Maßstäbe. Was mag wohl der Neuigkeitswert gewesen sein, der die *Tagesschau*-Redaktion Ende April 2016 bewog, unter der Schlagzeile »Moskautreue Rechte« (www.tagesschau.de, 29.4.2016) das »Zentrum für Kontinentale Zusammenarbeit« in München auf ihre Online-Präsenz zu setzen? Gab es eine Konferenz des Zentrums, ein neues Buch oder eine bedeutende Pressemitteilung? Nichts von alledem. Auch das »vermutliche Zuschauerinteresse« ließe sich kaum vermuten. Die einzig erkennbare »Relevanz« für diese Meldung über einen russisch inspirierten Thinktank liegt im angestrengten Bemühen, die russische Regierung und ihre behaupteten Agenten mit dem Etikett »rechts« zu versehen.

Wenn aber echte Faschisten in der Ukraine ebenso aktuelle wie relevante Nachrichten über sich liefern, fallen diese in Hamburg gern unter den Redaktionstisch. Als ein Kiewer Rabbiner vor Nazis auf dem Maidan warnte, gab es ihn einfach nicht. Auch die vielen Kandidaten des Rechten Sektors oder der »Freiwilligen-Bataillone« auf den ukrainischen Parteilisten zu Wahlen tauchten in der *Tagesschau* einfach nicht auf. Das beste Beispiel für ein Nachrichtenloch lieferte die Redaktion allerdings, als das deutsche Außenministerium dem Bundestag eine Art Sprech-Anweisung für den Ukraine-Konflikt vorgeben wollte. Unter dem Titel »Realitätscheck: Russische Behauptungen – unsere Antworten« wurde dem Parlament ein Papier in 18 Punkten übergeben, das wenig mit der Realität, auch wenig mit den Russen, aber sehr viel mit den oppositionellen Meinungen zu tun hat, die zu diesem Thema in der Bevölkerung verbreitet sind. Obwohl das Papier ein mehr als grenzwertiger Eingriff in die Souveränität des Bundestages war, ein bisher einmaliger Vorgang, fand dieser Akt bei *ARD-aktuell* einfach nicht statt. Wenn es für die Bundesregierung peinlich wird, dann entscheidet offenkundig die Chefredaktion, dass die Nachricht nicht relevant ist.

Zur Frage »Woher bekommt *tagesschau.de* seine Nachrichten?« gehört natürlich auch: »Welche Bilder werden gezeigt? Und welche nicht?« Und wenn bei den Nachrichten brav drei Nachrichtenagenturen (dpa, AFP und Reuters) aufgelistet werden, fehlt eine wesentliche Quelle der Redaktion, der kollektive Redaktions-Daumen aus dem immer wieder Nachrichten gelutscht werden. Der Daumen darf natürlich nicht Daumen heißen, er wird »Aktivist« oder »Oppositioneller« genannt, ist anonym und immer ein guter Freund der Tendenzen in der Redaktion. Mediengeschichtlich ist er der Erbe des in den 1950er Jahren von der *BIID*-Zeitung erfundenen unbekannten Taxifahrers, der immer seinen empörten Senf an das dünne Nachrichten-Würstchen des Springerkonzerns geben durfte. Insofern ist der »Aktivist« ein echter Nachrichten-Fortschritt: Er hat nicht nur eine Meinung, er ist die Nachricht selbst: »Bewohner in den Rebellengebieten … hätten Autoreifen in Brand gesteckt, um den Kampfjetpiloten über ihnen die Sicht zu nehmen, sagte ein örtlicher Aktivist«. Oder auch: »Eine weitere Aktivistengruppe, die örtlichen Koordinationskomitees, berichtet von weiteren Luftangriffen der Regierung in der Region südlich von Damaskus«. (www.tagesschau.de, 31.7.2016) Nicht selten werden die »Aktivisten« noch mit dem Begriff »Rebellen« veredelt. Dass bei solch bewusst parteiischer Quellen-Bearbeitung auch schon einmal ein gefälschtes Video der Kiewer Regierung (falscher »russischer Hauptmann« gibt Leuten in der Ostukraine angebliche Anweisungen) gesendet wird, wird somit ebenso verständlich wie der Einsatz eines Kriegsvideos aus dem syrischen Homs durch die *Tagesschau*, das ursprünglich vom *heute journal* (ZDF) als Terror-Anschlag der Taliban in Afghanistan gesendet worden war. Woher das Video wirklich stammt, ist unbekannt.

Unschlagbar ist die Antwort auf diese Frage: »Gibt es eine Definition, wie eine *ARD-aktuell*-Sendung sein muss?« Sie sollte man in aller Ruhe wirken lassen: »Die Aufgabe von *ARD-aktuell*-Sendungen:

sachlich, knapp und genau über die Ereignisse des Tages zu berichten. Das Bemühen um umfassende, neutrale und journalistisch kompetente Information bestimmt nicht nur die Auswahl der Themen ... Diese sollen aktuell, knapp und präzise sein – aber dabei auch umfassend und unparteiisch.« An einem beliebigen Tag im August finden sich, wie an jedem andern Tag auch, zwei Methoden der Nachrichtenmanipulation.

Die eine ist die des *Wie*: »Rekordeinnahmen dank Erben« lautete die Überschrift in einer Zeit, in der heftig über die Erbschaftssteuer gestritten wurde. Tatsächlich kamen sogar durch die, vom Bundesverfassungsgericht kritisierte, verstümmelte Form der Erbschaftsteuer 6,3 Milliarden Euro in den Staatshaushalt. Weiter unten folgt in dieser Meldung allerdings, dass »102 Milliarden Euro durch Erbschaften und Schenkungen an die nächste Generation weitergegeben« worden sind. Sachlich gerechtfertigt wäre gewesen, diese Zahl in die Überschrift zu nehmen, sie hätte deutlich gemacht, dass Jahr für Jahr Milliardenvermögen durch schlichtes Warten auf den Tod eines Angehörigen »erworben« werden.

Die andere Variante der Nachrichten- und Zuschauerbeeinflussung liegt im *Was*: »Überquellende Müllcontainer in Rom« meldete die *Tagesschau*. Sie meldet stattdessen nicht: »17 Festnahmen in der Türkei – Razzien gegen prokurdische Partei HDP«, eine Nachricht, zu haben über die Agentur Reuters am selben Tag wie die über den alljährlichen römischen Müll, aber in einer Situation, in der die Bundesregierung die Türkei wegen des Flüchtlings-Deals nur ungern verstimmen möchte, von der ARD ignoriert.

So findet denn die *Tagesschau*-Redaktion auf jede selbstgestellte Frage eine selbstgestrickte Antwort und versichert treuherzig: »Persönliche Meinungen des zuständigen Redakteurs haben in einer Meldung nichts zu suchen.«

IX.
Mitgucken & Mitreden

Technisch möglich: Der Rück-Kanal

Sollte Bertolt Brecht posthum doch gesiegt haben? Denn der hatte verlangt:

> »Der Rundfunk ist aus einem Distributionsapparat in einen Kommunikationsapparat zu verwandeln. Der Rundfunk wäre der denkbar großartigste Kommunikationsapparat des öffentlichen Lebens, ein ungeheures Kanalsystem, das heißt, er wäre es, wenn er es verstünde, nicht nur auszusenden, sondern auch zu empfangen, also den Zuhörer nicht nur hören, sondern auch sprechen zu machen und ihn nicht zu isolieren, sondern ihn in Beziehung zu setzen.«[61]

So mochte es scheinen, dass es den von Brecht gewünschten Rück-Kanal geben würde, als die ersten Kommentar-Funktionen unter den Artikeln und den Videoclips auf der Website *tagesschau.de* auftauchten. Mehr und mehr Zuschauer teilten der Nachrichtensendung ihre Meinung mit. Der Redaktion wäre es sicher recht, wenn es nur allgemeine Meinungen gewesen wären, die ihr die Zuschauer gesendet haben. Doch häufig waren es Kommentare, die der ARD-Nachrichtensendung Fehler nachweisen konnten. Als zum Beispiel im März

---

61 »Der Rundfunk als Kommunikationsapparat. Rede über die Funktion des Rundfunks«, in: Bertolt Brecht: Schriften zur Literatur und Kunst I 1920–1932, Frankfurt am Main 1967, S. 137.

und im Mai 2014 auf der Krim und in der Ostukraine bei den Referenden zur Unabhängigkeit von Kiew gläserne Wahlurnen verwandt wurden, wurden sie bei der *Tagesschau* als Zeichen für Wahlmanipulation gewertet. Dass es bei den französischen Nachbarn seit Jahren gläserne Urnen gab und gibt, musste der Redaktion von Dutzenden Zuschauern nachgetragen werden. Als dann im Dezember 2015, als Beleg für den demokratischen Fortschritt, darüber berichtet wurde, dass in Saudi-Arabien Frauen erstmals auf kommunaler Ebene wählen durften, zeigte *tagesschau.de* sogar zwei Fotos mit gläsernen Wahlurnen. Untertitelt mit: »Stolz und auch ein wenig aufgeregt: Frauen bei der Stimmabgabe in Saudi-Arabien«. Der Saudi-Promotion-Artikel darf leider nicht als Lernfortschritt der Redaktion gewertet werden, sondern als klassische Spreizung der Nachrichtendeformation: Wahlen in der Ostukraine sind schlecht, Wahlen in Saudi-Arabien sind gut. Fein nach den außenpolitischen Vorlieben der Regierung verteilt.

Der Ukraine-Konflikt war zwar nicht Auslöser, aber ein extremer Beschleuniger der Zuschauer-Reaktionen. Offenkundig fürchteten sich viele Zuschauer vor einem möglichen Krieg mit Russland, als dessen Vorstufe sie die bewaffneten Auseinandersetzungen begriffen. Diese Sorge um den Frieden hält bis heute an, nur hat sich der Schwerpunkt auf den Syrien-Krieg verlagert. Auch hier begreifen sich Zuschauer als Korrektiv zur Grundhaltung der *Tagesschau*-Redaktion, die das militärische Eingreifen des Westens für richtig hält und sich von Beginn an als Teil der Assad-Muss-Weg-Front begriffen hat. Sätze wie dieser »Der Westen hätte sich da nie einmischen dürfen. Genauso wenig wie im Irak, Afghanistan, Libyen« beschreiben wiederum die Grundhaltung der Mehrheit der Kommentatoren. Nicht wenige der Zuschauer gehen sogar ins Handwerkliche, wenn sie kommentieren: »Meinungen sollten als solche gekennzeichnet werden, damit man diese von Nachrichten unterscheiden kann. Eine Nachricht ist dieser Artikel nämlich nicht. Sätze wie: ›Ein politischer Übergang ohne Baschar al-Assad – überfällig, aber unwahrscheinlich‹ sind eindeutig eine Meinungsäußerung.« Die Zahl der sachkundigen Zuschauer ist in den letzten Jahren gewachsen. Die der Redakteure eher nicht.

Anfänglich war die Kommentarmöglichkeit als Placebo gedacht, eine Maßnahme zur Beruhigung der Zuschauer, ihnen sollte die Kommentarfunktion als Möglichkeit der Kommunikation, des Gesprächs mit der Redaktion erscheinen. In dem Maß, wie aus diesem Rück-Kanal zunehmend Kritik an der Arbeit der Redaktion geäußert wurde, formierte sich eine zweite Ebene der Meinungsbildung: Die Kommentar-Demokratie, bei der die Beiträge der Redaktion analysiert wurden, in der das Gespräch der Kommentatoren untereinander einen eigenen Inhalt schuf und die der Beginn einer publizistischen Gegenbewegung sein können. Diese neue Gegenbewegung hat in der alten Bundesrepublik einen Vorläufer: Die Anti-Springer-Kampagne der 1968er Jahre, die sich gegen ein mächtiges Verlagshaus wandte und mit Demonstrationen und anderen Aktionen unter der Losung »Enteignet Springer« sowohl nach einem anderen Modell der Kommunikation suchte, als auch die Eigentumsfrage aufwarf.

Anders als die Anti-Springer-Kampagne, die trotz ihrer Spontaneität vor und in den Aktionen durchaus organisiert war, vom Flugblatt bis zum einheitlichen Signet, hat die Kommentar-Demokratie kaum organisierte Strukturen. Das hindert die Redaktion nicht, wenn ihr die Meinung der Kommentatoren nicht passt, sie zu zensieren: Vom schlichten Nicht-Veröffentlichen einzelner Meinungen bis zum abrupten Schließen der Kommentarfunktion. In den letzten Jahren ist die Diffamierung unliebsamer Kommentare als »von Russland gesteuert oder bezahlt« eine Variante der Kommentarbekämpfung, die, auch wenn so gut wie nie beweisbar, als Teil der antirussischen Kampagne eine gewisse öffentliche Wirkung zeigt. Der Mangel an organisierter Aktivität ist auch in der Anonymität der Kommentarbeiträge begründet. Selbst wenn die Kommentatoren unter ihren Klarnamen auftreten, fehlen ihre jeweiligen Mail-Adressen. Untereinander kommunizieren können sie nur über die Plattform der Redaktion.

Die Unzufriedenheit über die Verengung des Meinungsspektrums im öffentlich-rechtlichen Rundfunk führte Anfang des Jahres 2014 zur Online-Petition »Raus mit Markus Lanz aus meinem Rundfunkbeitrag« und zu einer der ersten personalisierten Programmbeschwerden gegen Markus Lanz. Der ZDF-Moderator hatte in rüder Art seinen

Talk-Gast, Sahra Wagenknecht (Die Linke), eher vernommen als befragt. Seine unprofessionelle und eindeutig politisch abwertende Haltung erzielte bei der von Maren Müller (Leipzig) zum Protest initiierten Online-Petition 233.355 Unterschriften. Parallel löste die Lanz-Pöbelei eine Programmbeschwerde aus, die zugleich der erste öffentliche Akt der »Initiative für einen Publikumsrat« wurde. Diese Initiative hat ihre Arbeit mit der Einführung des neuen Rundfunkbeitrags (»Haushaltsabgabe«) Anfang 2013 begonnen. Sie begreift sich als eine Interessenvertretung und verlangt: »Rundfunkbeitragszahler/innen sind als Hauptfinanziers der öffentlich-rechtlichen Medien in die Programmgestaltung von ARD, ZDF und Deutschlandfunk einzubeziehen!«

Maren Müller verlängerte und verstärkte ihre Petition mit einer anderen Initiative: »Die Ständige Publikumskonferenz ist eine politisch und wirtschaftlich unabhängige, bundesweit agierende Rezipienteninitiative, die sich insbesondere der demokratischen Mitsprache bei der Umsetzung des gesellschaftlichen Programmauftrages der öffentlich-rechtlichen Medienanstalten widmet und ausnahmslos den Interessen des Publikums verpflichtet ist.« Müllers »Publikumskonferenz« hat die bisher größte Sammlung von Programmbeschwerden angelegt. Zugleich führt sie eine massive Debatte um die Inhalte der öffentlich-rechtlichen Medien. Als herausragendes Beispiel darf eine Sammlung von TV-Analysen gelten, die unter der Überschrift »Das Ende des Informationsjournalismus – Storytelling in der ARD-Griechenlandberichterstattung 2015« die parteiliche Berichterstattung der ARD in der EU-Griechenland-Krise entlarvt und anprangert.

Weit über die beiden Initiativen hinaus gibt es unzählige Programmbeschwerden einzelner Zuschauer und Hörer, die kaum das Licht der Öffentlichkeit erblicken. Unzählig, weil ihre Zahl Jahr für Jahr gewachsen ist. Und unzählig, weil sie offiziell niemand zählt. Obwohl sie natürlich wahrgenommen werden: WDR-Chefredakteurin Sonia Mikich, zu den Beschwerden befragt: »Das hält uns von unserer journalistischen Arbeit ab. Es verunsichert meine Korrespondenten, und das finde ich furchtbar.« Die Übersetzung aus dem Bürokratischen ins Deutsche: Zuschauer stören, wenn sie ihre Meinung kundtun. Sie sollen gucken oder hören – und zahlen. Und vor allem das Maul halten. WDR-Intendant Tom Buhrow in einem Interview: »Auffällig ist, dass es eine Zunahme von professionell formulierten und juristisch versierten Programmbeschwerden speziell zur Ukraine gibt.« Hier lauert die ebenso alte wie primitive Verschwörungs- und Agententheorie: Wer sich beschwert, ist von Moskau bezahlt oder gesteuert. Den wirklichen Höhepunkt liefert Petra Kammerevert, SPD-Abgeordnete im Europaparlament und Vorsitzende des Programmausschusses des WDR-Rundfunkrates: »Ich kann mich des Eindrucks nicht erwehren, dass die Beschwerden auch politisch motiviert sind.« Politisch? Das geht einer gelernten Sozialdemokratin natürlich zu weit. Ja, wenn die Kritik eine ästhetische wäre, zum Beispiel an den Frisuren der Sprecher, dann …

Brecht weiter in seiner Radio-Theorie: »Der Rundfunk müsste demnach aus dem Lieferantentum herausgehen und den Hörer als Lieferanten organisieren. Deshalb sind alle Bestrebungen des Rundfunks, öffentlichen Angelegenheiten auch wirklich den Charakter der Öffentlichkeit zu verleihen, absolut positiv.« Die technischen Möglichkeiten sind längst gegeben. Die gesellschaftlichen Möglichkeiten keineswegs.

Denn der Zuschauer soll genießen und schweigen: So lautet sowohl die Devise der öffentlich-rechtlichen Obrigkeit, also auch die der Chefredaktion der *Tagesschau.* Von Genuss im Sinne von Erkenntnisgewinn kann in den letzten Jahrzehnten zunehmend seltener die Rede sein. Die *Tagesschau* hat sich, nicht zuletzt bei den Kriegen der USA und bei den Auslandseinsätzen der Bundeswehr, eher als Partner der Kriegsparteien herausgestellt, denn als so etwas wie eine Vierte Gewalt, als ein analysierendes kritisches Korrektiv. Immer noch bindet sie aber die Mehrheit der Zuschauer. Zugleich sinkt jedoch die Zustimmung zu ihren Inhalten. Es ist an der Zeit, den Zuschauern eine Stimme zu geben. Auch dafür zahlen sie ja.